識職
認場
01

和 AI 一起生活 一起工作

人工智慧超越人類智慧的大未來，
我們的生活和工作會有什麼變化？

AI 2045

日本經濟新聞社——編著　葉廷昭——譯

推薦序

你不能不知道，如何與AI共存？

旅日作家／日本文化觀察家　劉黎兒

如何與ＡＩ共存？這已經是人類當下最大課題，就像二〇一七諾貝爾文學獎得主石黑一雄日前表示，他最關心的就是ＡＩ對人類的影響，因為危機已四伏；ＡＩ不僅剝奪人的工作，也剝奪人的存在價值，人類如何迴避？現在是所有人都需要思考的時候了，人類已無法排除ＡＩ，ＡＩ已完全進入人類的日常生活，人類不知不覺中習慣ＡＩ，因此最佳的方式就是跟ＡＩ共存，但在此之前，人人都必須認識ＡＩ。

台灣雖然各界都想運用ＡＩ進行各種研發，也有過不錯的成績，如趨勢科技二〇一七年運用ＡＩ（尤其運用深度（或深層）學習技術）找到如何抓到全球都頭痛的勒索軟體的方法等，而成為國際公認的防毒第一品牌。ＡＩ很適合頭腦靈活的台灣人開發，而且不嫌起步晚。台灣為了將來的生存，應該多朝此方向發展，投在前瞻建設的預算都該大舉發展ＡＩ，否則很難防止人才外流。若從這點來看，台灣不論官民對ＡＩ投入的金額都相當保守。

但另一方面，除了ＡＩ對經濟科技產值的提升外，台灣社會至今很少關心ＡＩ對個人、社會以及人類本身的影響，ＡＩ甚至會全面影響到所有人的工作。坊間關於ＡＩ的書不少是投資者對ＡＩ的禮讚，欠缺對ＡＩ產生的影響之思考。

日本各界對ＡＩ的關注是非常普遍的，尤其擔心孩子選錯科系，未來遭ＡＩ剝奪工作，已成為現代媽媽們的共同煩惱，她們也在思考人類該如何面對ＡＩ的競爭。我在東京上美容院時，發現好幾份女性雜誌都在談ＡＩ，現在最讓媽媽們頭痛的，就是ＡＩ時代如何教育孩子，也因此爭相閱讀ＡＩ相關書籍，想要理解ＡＩ。

日本上個世紀因為慮及勞工權益，在自動化及電腦化戰爭中走慢了幾步，因此現在各界對於ＡＩ的發展非常緊張，擔心又落後了。出版本書的日本經濟新聞社，更是責無旁貸地負起報導ＡＩ最前線狀況的責任，公平且翔實地加以論述，也從宏觀角度來探討ＡＩ對人類的影響，相信也是日本當今最好、最易理解的一本書。此外，這本書也讓人感受到日本因為有如此優良的經濟媒體在扮演牽引社會的角色，經濟才能維持相當水平，不禁令人肅然起敬。

書中提及，二〇四五年會是ＡＩ超越人類的奇異點，但到底如何定義，才算是超越人類呢？二〇一六年加入深度學習技術的圍棋ＡＩ「AlphaGo」，以四比一擊敗世界頂尖棋手李世石，頓時讓圍棋與ＡＩ成為全球的焦點。人類在圍棋的敗北，就已經讓世界驚覺ＡＩ的能力已超越人類，因為圍棋變化數有10的360次方，被認為是人類智慧的最高象徵。谷歌投入驚人的資金與電力，就衝過了這個奇異點。其實在絕大多數的領域，只要願意投入資金與人才，許多需要高度決斷力的工作，ＡＩ都有可能做得更好。

此後，AlphaGo並沒有真正除役，二〇一七年十月又推出更進化的AlphaGo Zero，根本無須輸入人類的棋譜，亦即無須跟人類學習了；後續甚至還推出了在所有棋類比賽中，都能擊潰人類的AlphaZero。Deepmind公司也在二〇一八年十二月宣布，AlphaZero是現行百家爭鳴的圍棋ＡＩ中最強的，而且，從AlphaGo到AlphaZero短短的兩年，ＡＩ的能力還被廣泛應用到許多領域裡，像是節能、自動翻譯乃至自動駕駛。

企業開發ＡＩ到什麼程度？或如何運用以及運用在哪裡？人們只有被告知的份，亦即企業只想公開部分資訊或對自己有利的部分；就像二〇一七年五月烏鎮圍棋峰會，AlphaGo打敗了當時人類最強棋士柯潔，全球無數專家紛紛討論 AlphaGo，然而，當時更強大、無師自通的 AlphaGo Zero 早已開發成功，只是沒公開而已。全球專家花了數個月的討論突然變得完全沒意義了，全遭戲弄了。這件事也顯示了，開發陣營只要來一次「延後宣布」，就會讓人類的作為顯得很可笑，甚至造成誤導。

慶幸的是，谷歌等研究ＡＩ的企業並沒有利用ＡＩ研發不利人類的事，但開發陣營對ＡＩ的集權支配是顯而易見的。如果沒有倫理上的共同約定，恐怕未來會出現大家所憂慮的事，像是將ＡＩ運用在武器上，或是人類控制不了ＡＩ的局面，這些都是二〇一八年三月辭世的英國天體物理學家史蒂芬·霍金所預言的，ＡＩ若發展失控，恐讓人類走向毀滅。

近年來，各界對二〇四五年這個奇異點的預測相當樂觀，這幾年ＡＩ已經開始決定性地影響許多人的生活了，像書中提及的接受人生諮詢的ＡＩ僧侶、ＡＩ文豪。甚至還有ＡＩ可以為客戶量身訂做眼鏡，或成為最佳家庭教師，指導每個孩子最弱的科目。日本經濟新聞社很早就應用ＡＩ記者撰寫財經報表新聞，因為ＡＩ更擅長處理大量的數字資訊，尤其是像財務報表。此外，ＡＩ在醫學上的貢獻也非常大，因為人的眼力有限，ＡＩ可以協助比對基因，讓數萬乃至數十萬人找回親人，都還是正面使用ＡＩ可愛的部分。

除上述事外，ＡＩ對許多人的人生造成了更大的影響。例如美國運用ＡＩ協助研判犯人是否可獲得假釋、中國已有ＡＩ法官外，日本二〇一七年起，已有許多大企業用ＡＩ篩選招募員工的報名表，而瑞穗、三井住友、三菱日聯三大金融集團，二〇一七年秋天起宣布要大舉裁員，主要就是運用ＡＩ及金融科技等數位化、自動化來節省人力，而做出的決定，最大三菱日聯十年內將刪減一萬員工，即三成的比例。

此外許多企業運用ＡＩ研判哪些員工有離職的可能，雖說目前的目的是提前挽留，但未來或許會用在相反的目的。人事部門原本被視為是跟ＡＩ最無緣的，但現在日本各企業也積極採用。其他如婚友社也納入ＡＩ技術，配對成功率比資深媒婆還高。這些號稱不含個人情感的ＡＩ，很可能加強了大眾對於階級、種族等偏見，有些囚犯可能因此終身無法獲得假釋，有些人則無法搭配到婚姻伴侶，或找不到工作，誰也不知道自己是如何死在ＡＩ之手的！

因為ＡＩ的績效太顯著，愈來愈多企業乃至創作者如作家、作曲家都想透過ＡＩ分析出所謂「最適當的答案」，認為這樣不只在創作上更有效率，還能提高大賣的機率。其實創作關乎人類對幸福的感受，可惜幸福並沒有最適當的答案，這也是書中提及最可怕的情況：「人類還以為自己在使用ＡＩ，殊不知雙方立場早已顛倒過來了。」

ＡＩ神通廣大，人類的價值在哪裡呢？尤其關於創作，今後創作者每創作一件作品所經歷的嘗試與錯誤，包括各種笨拙的構思等過程，也是創作的一段故事，這個部分會讓人產生共鳴與同理心，才是人類固有的、重要的價值。

然而運用ＡＩ創作，省略了或簡化了這段過程，這樣人的價值也就很輕易地就被ＡＩ所取代。其實這種現象已經發生了，ＡＩ寫的小說已經入圍小說獎。如果不在乎人類自己的創作過程，則ＡＩ做的或許會更好，即使現在還有些小小不足，但很快就會更好。人類要不要放棄自己的價值呢？這個問題現在就應該開始思考。如果一切只從數值結果如營業額等來看，則人將會失去自己，人類也就被ＡＩ牽著鼻子走。一切進展比我們想像得還快多了，我們怎能悠哉而不去了解ＡＩ呢？

ＡＩ讓人重新思考人類到底是什麼？到底想要什麼？人類現在已經無法真正有意識地運用ＡＩ，早已在不知不覺中習慣ＡＩ，因此必須更清楚認識ＡＩ，才不會被ＡＩ取代或支配，也才不會淪為ＡＩ的奴隸。這是個人人生最重要課題，也是人類的共同課題：如何和已經存在著的ＡＩ共存？閱讀這本書，開始走出第一步。

前言

人類和AI一起生活和工作的大未來

人工智慧（AI）開始在各個領域嶄露頭角，包括自動駕駛、機器人、工廠生產等等。AI超越人類的奇異點（技術在某個時間點大幅進步，衝擊舊有的社會模式）逐步逼近了，我們必需思考如何和AI共存下去，這條共存之路想必充滿艱難險阻。

我們在棋藝的世界已經先看到一點端倪了，頂尖的職業棋士敗給電腦軟體一事，讓許多人覺得AI是一大威脅。在這樣的環境下，號稱日本將棋第一人的羽生善治，他的對應方式十分引人矚目。將棋軟體編排出人類想不出來的最新棋路，羽生善治積極採用那些棋路來幫助自己成長，這種大器的態度博得眾人的好感，將棋的人氣依舊歷久不衰。

商業界也開始有同樣的動向。據說人類的工作有一半會被AI和機器人取代，這個預測帶給我們極大的不安，但事實真是如此嗎？

從古至今，人類開發了各式各樣的技術。起先是用石頭做工具，之後發明了機器大幅提升生產性，電話的發明實現了遠距離通話，網路的登場拓寬了人類的溝通手段。

這些技術確實奪走了許多人的工作，不過一方面也刺激經濟發展，讓我們的生活更加便利，並且創造了更多新的工作機會。如果我們敵視新技術，拒絕接受新技術的恩惠，那麼也不會有現在的繁榮吧。

ＡＩ或許比過去的任何技術都要難以駕馭，但人類必需善用ＡＩ技術，才有辦法朝下一個階段進化。

本書內容摘錄自日本經濟新聞連載「ＡＩ與世界」，經過增訂和修改後出版成冊。在各項新聞連載中，「ＡＩ與世界」也是相當龐大的企畫案。各編輯部和海外分部耗費一年以上的時間，派出超過四十名以上的總編和記者共同參與。

我們不會提太多ＡＩ的技術層面，相對地我們要告訴各位，那些感受到ＡＩ威脅的人，如何去接受ＡＩ、向ＡＩ學習，摸索人類與ＡＩ的共存之道。從人類與ＡＩ的相處方式，我們可以發現人類的弱點與可能性。

AI不斷地與時俱進，人類也必需改變才行。希望我們能把這個訊息，傳遞給對本書感興趣的讀者。另外，書中的人物頭銜都是連載當時的頭銜。

二〇一八年五月
日本經濟新聞社

目次

第二章　超越人類的未來藍圖

第三章　看不見的變化

第四章　未來將要面臨的抉擇

第五章　逐漸成真的現實

第一章　探索二〇四五年

1 遭遇未知

究竟是人類的躍進還是試煉

二〇四五年將是人工智慧（ＡＩ）超越人類的奇異點。這不是什麼荒誕不經的話題，ＡＩ逐漸在人類心中占有一席之地，勢必動搖國家、社會、經濟，並且改變歷史，世界趨勢已經朝著那樣的未來邁進了。

建寺超過一千年的北京名刹龍泉寺，如今出現了ＡＩ僧侶。

「我家老婆愛生氣，真不知該怎麼辦才好。」

「一起單純過日子就好，不要離婚啦。」

身高六十公分的機器僧侶「賢二」在寺內移動，很多前來參拜的遊客都說，小小的機器僧侶有療癒人心的作用。賢二會分析高僧們留下的龐大明訓，替來訪的遊客解答煩惱。很多年輕人都找賢二談天，理由是跟機器聊比較沒壓力。

主導開發的賢帆法師說，自從賢二來到龍泉寺以後，有愈來愈多人對寺廟感興趣了。佛教徒的數量稱不上多，賢帆法師苦思推廣佛教的方法，最後想到用AI來推廣。

在提供心靈救贖的神聖場所使用AI，賢帆法師認為宗教與AI並不衝突。

用人工智慧創作熱門金曲和小說背景

「目前全美熱門金曲排行榜，大約有百分之二到三是AI創作的，二十年以後可能會上升到百分之八十左右。」

加州大學聖克魯茲分校的名譽教授大衛・科普，一臉嚴肅地說出上面的這段分析預測。

他用自己開發的AI創作一千首歌曲，還獲得了版稅收入。

名詞解說　奇異點——超越人類預測的歷史性分歧點

在美國谷歌任職的發明家雷蒙德・庫茲威爾認為，人工智慧超越人類的未來，將在二〇四五年成真。AI可能會自行製作AI，或是將人腦的機能複製到電腦上。

二〇一六年十月初，我們造訪科普在聖克魯茲的住所，室內正播放著AI創作的新歌曲。

那是一種帶有莫札特風格的輕快旋律。科普曾公開表示自己的曲子是AI創作的，結果換來聽眾破口大罵，但他本人並不介意。

他說，人們會慢慢習慣的。AI在無形中已融入我們的日常生活了。

不管是電話或飛機，人類開發的技術會拓展人類本身的可能性，讓我們的文明更加進步成熟。

直木賞作家朝井遼也開始認真思考，是否要跟AI「共同創作」了。比方說先自行找出小說的題材，再用ＡＩ來決定大綱和登場人物。故事背景設定好，朝井遼就能專心寫作了。

有些研究團隊嘗試用ＡＩ創作簡單的小說，朝井遼跟ＡＩ合作，則是希望徹底發揮自己的專長。

朝井遼過去很擔心自己的基礎設定有誤，即便故事已經寫出一個雛型，他也擺脫不了這種憂慮。他說，有ＡＩ幫忙就能心無罣礙地寫下去。因此，他想跟ＡＩ一起探索超越自身極限的方法。

然而，ＡＩ是否真的值得仰賴還猶未可知。美國麻省理工學院的媒體實驗室所長伊藤

大衛・科普名譽教授（左圖）認為，全美金曲排行榜的百分之二到百分之三是 AI 創作。作家朝井遼則打算和 AI「共同創作」。

穰一表示，AI有可能學習人類歧視異己的劣根性，做出更糟糕的事情。

可能被當作兵器，重蹈核武的覆轍

二〇一六年十月一日，耶路撒冷的路上有穿著卡其色軍裝的士兵，手持機關槍緊盯著來來往往的行人。以色列被敵對的阿拉伯國家包圍，他們正積極開發AI強化軍事力量，下一個研究目標則是「腦科學技術」，這是把人腦資料化之後進行分析的技術。

以色列腦部科學家米奇．柴斯拉，負責支援相關的研究商業化。據他所言，軍事部門相關人士至少開了十家以上的AI企業。目前有企業開發人腦與網路連接的技術，再把人腦的記憶和機能「下載」到電腦上，這個技術會先用在醫療層面。

日後也許會產生跟人類一樣懂得臨機應變的AI。應用在網路犯罪預防或機器人身上，性能想必會有飛躍性的提升，但人們也擔心AI被用在軍事上。

「繼火藥、核武之後，AI可能引發第三次戰爭革命。」

美國民間團體生命未來研究所，在二〇一五年七月發表公開信，希望各國禁止ＡＩ武器的開發。特斯拉汽車執行長伊隆・馬斯克和兩萬多名群眾共同聯署請願。不過，誰也不敢保證ＡＩ不會跟核武一樣被各國誤用。如果某些陷入困境的國家或恐怖份子仰賴ＡＩ，世界將會陷入危機。

水能載舟亦能覆舟，遭遇未知智慧的人類歷史即將邁入嶄新的階段。

實際案例　以色列陸續有AI事業創立——也有應用在急救治療上

位於中東的以色列，有許多獨步全球的技術，例如膠囊內視鏡或海水淡化裝置等等。如今以色列陸續有ＡＩ新創事業誕生，我們就來實地探訪一下。

二〇一六年九月下旬，我們來到最大商業都市特拉維夫郊區的商城。在擺滿人體和心臟模型的辦公室裡，有大約十名年輕人緊盯著電腦斷層掃描（ＣＴ）的圖片。

Zebra Medical Vision 正在開發一種ＡＩ，可以早期發現人力難以確診的癌症或心肌梗塞。該公司的執行長（CEO）艾拉德・班傑明說，AI將會改變醫療。

另一家 MediMatch 公司，也把AI活用於醫療，讓AI讀取大量的腦部電腦斷層掃描影像，預測醫院裡的病患有多大的機率會引發腦出血。該公司的共同創辦人羅伯特・梅拉說，希望AI能夠幫助（人手不足的）急診室醫生進行診斷。這個計畫預計二〇一七年初，在美國進行臨床實驗。

以色列軍部出身的創業者也很引人矚目，有不少軍人在軍隊的研究設施中結識夥伴，利用軍事技術創業。軍部致力於開發AI，AI新創事業也陸續誕生了。

Wonder Voice Technologies 在開發一種

Zebra Medical Vision 的執行長艾拉德・班傑明。

對話能力跟人類一樣流暢的ＡＩ，該公司執行長卡爾・梅拉梅德本來也是軍方的技術人員。這種ＡＩ和過去只能用來對談的ＡＰＰ不一樣，像臉書等社群ＡＰＰ，還有連接網路的家電、空調、音響，都可以用語音來操作。

比方說，使用者可以命令智慧型手機，確認信箱的電子郵件或是打開冷氣。ＡＩ判斷命令後會下達適當的操作指示。卡爾・梅拉梅德向我們陳述了ＡＩ與人類合作的未來藍圖，他說讓ＡＩ遵從語言命令是第一階段，將來ＡＩ會預測人類的行動，事先採取對應措施。

ＨＥＸＡ公司則把ＡＩ應用在流行服飾

Wonder Voice Technologies 的執行長卡爾・梅拉梅德。

上。像網購之類的電子交易服務（EC），多半都是讓模特兒穿著商品服飾拍照，但袖子內側之類的部分就看不到了。HEXA的AI會用兩張模特兒的照片，在電腦上重現整件衣服的立體影像。顧客可以從各種角度確認畫面上的商品，自從該公司投入這套AI後，顧客的購買率提高了百分之九十三，幾乎呈倍數增長。

首席技術長（CTO）強納森・克拉克解釋，增加顧客逗留網頁的時間，購買的意願也就提升了。今後他們打算把這套技術，賣給美國的NIKE和其他知名品牌。

以色列有八千家新創企業，AI被廣泛應用在醫療、廣告、網路安全等領域。卡爾・梅拉梅德說，AI是可以應用在各個產業的技術，日後一定會跟IT（資訊技術）一樣廣泛應用。從以色列進軍世界的AI新創企業似乎也愈來愈多了。

2 公平的新主管

AI取代律師蒐集和整理資料

在美國首都華盛頓，任職於大型律師事務所Covington & Burling的愛德華．利比律師，最近都用AI來處理大案子。因為法官告訴他，證據沒有經過妥善整理，建議他要好好使用AI來整理證據。

蒐集證據是美國律師主要的工作之一，AI在這個作業中也占有一席之地。AI會從郵件或其他大量的資料中學習，順便尋找必要的資訊。以前這是菜鳥律師在處理的工作，如今只要告訴AI你想找什麼證據就可以了。利比律師說，這麼做減少了律師的費用開銷，顧客的花費也減少了兩成以上。

在這間事務所當中，AI是職員進修的一大要項。想要升遷必需懂得善用AI，未來會有更多律師業務被AI取代。不會操作AI的人將被AI淘汰，未來將是一個嚴峻的時代。

不顧人情給予真實評價

總有一天，各位的職場也可能有AI職員。

開發交通系統的 Transport Systems Catapult，位於倫敦西北方的米爾頓凱恩斯，該公司雇用了AI機器人「貝蒂」擔任實習部長。貝蒂會在公司內部巡邏，用攝影機學習人員和物品配置，確認加班和物品的狀況。

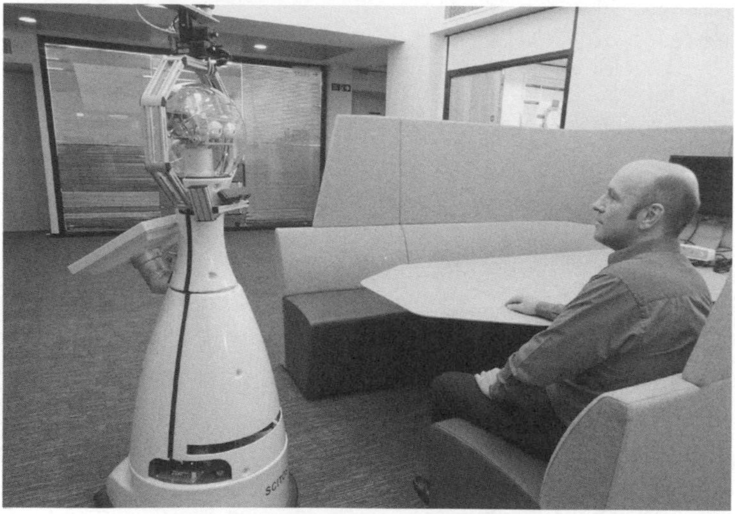

搭載 AI 的機器人「貝蒂」持續進化，努力當一個稱職的部長。

自從二〇一六年六月雇用貝蒂後，職員覺得工作變得更加輕鬆了，但這種歡迎的態度能持續多久還是未知數。負責開發貝蒂的伯明罕大學准教授尼克・豪斯表示，ＡＩ會審查員工的工作方式，有朝一日會讓ＡＩ下達裁員命令。而且他還強調ＡＩ的優點，ＡＩ可以不顧人情給予公正的評價。人類還以為自己在使用ＡＩ，殊不知雙方立場早已顛倒過來了。

AI也能取代社長

說不定ＡＩ也會成為領導者。ＩＴ新創企業ＡＬＴ（位於東京都江東區）的米倉千貴社長，正著手開發立體的ＡＩ社長，模仿自己的對話、表情、習慣。他說，自己在工作上的對話有八成能用ＡＩ代勞。

兩年半以前，他開始思考如何回覆員工的問題。白天他都要回覆部下的疑問，只有晚上才有時間思考事業的企畫案。於是，他開發出一套自動回信系統，這套系統會用幾個不同的模式回應部下的郵件。部下完全沒看出來，還乖乖地遵照指示辦事。這時他發現，需要高度決斷力的社長工作，也有很多能被取代的地方。

那麼，ＡＩ時代會減少人力雇用嗎？美國史丹佛大學的未來學家保羅・沙福教授表示，機器會破壞人類的工作機會，但也會創造出新的工作機會，ＡＩ也一樣。

十九世紀英國歷經工業革命，工人們發起了「盧德運動」破壞機器。人類抗拒機器奪走他們的工作機會，但英國生產出比印度更低廉的棉織品，棉織工業也蒸蒸日上。一八三九年的國內生產總值（ＧＤＰ）比一七五〇年高出四成以上，工作機會也增加了。換言之趨勢是無法違逆的，我們最好思考該如何站在使用技術的一方。

採訪

用AI製作社長分身——移植對話模式（ALT米倉社長）

在ＡＩ逐漸取代人力的潮流中，有家企業正朝著終極目標進行研究開發。人工智慧的新創企業ＡＬＴ，利用社長米倉千貴的外貌做出３Ｄ影像，並且移植社長的聲音和對話模式。這個用ＡＩ創造社長分身的企畫正著手進行中，我們好奇地請教米倉社長，他的目標究竟是什麼？

——為什麼您想開發自己的ＡＩ呢？

「開創這家企業以後，我才發現人事方面的間接業務比想像得還多。光是處理面試或文件審查，還有建構人事系統就花掉我大半天的時間。我真正擅長的是事業企畫，由於白天都要處理雜務，害我只剩晚上有時間思考戰略。這實在太沒有效率了，員工遇到任何事都要等我裁決，我就想『乾脆大部分都交給機器處理好了』。」

「工作上有六到七成都是以前其他人也問過的問題。兩年半前，我開發出一套自動回信系統，回覆員工的制式化疑問，同時也運用在網路對談上。員工根本沒發現那是ＡＩ的自動回覆系統，等我告訴他們那是ＡＩ以後，他們再也不相信ＡＩ的答覆，又跑來找我要意見了。不過我也發現，只要我做得更細緻，讓大家知道ＡＩ的答覆是值得信賴的，那麼ＡＩ確實可以當作對話的手段。」

——請問一下，您是如何將自己的思維移植到ＡＩ上的？

「我讓系統學習我平常用的交流網站（ＳＮＳ）和電子郵件，以及手機全球定位系統（ＧＰＳ）偵測出的個人位置訊息。至於聲音，我挑選一百則文章唸給ＡＩ分析，這樣就能複製出我的說話方式了。先用獨特的演算法分析我說話的習慣，還有我跟交談對象之間的關係，再讓ＡＩ學習。已經跟我交談過的對象，ＡＩ會透過文章和聲音學習彼此的關係，所以ＡＩ能代替我跟對方談話。

「例如，平常跟我交談的祕書要求我調整工作行程，這時ＡＩ會用合適的說話方式，從我的行程資料中挑選最好的答案告訴祕書。最適當的答案不見得是事實，像我在休假的時候如果有人問我在哪裡，我會依照雙方的關係來改變回答，我要做的是這樣的ＡＩ。」

——那麼，為什麼還要製作自己的３Ｄ影像呢？

「除了文章和聲音以外，使用分身

ALT 的米倉千貴社長，正在開發一套能模仿自己對答的 AI（位於東京都江東區）。

進行有影像的對話，可以傳遞更多的訊息。肢體動作會傳達出當事人特有的情緒，例如我說話時有摸鬍子的習慣，這對我來說是『正在思考』的表現。連肢體動作也完整重現，讓ＡＩ學會對當事人來說有意義的動作，這才稱得上是完美的複製和溝通方式。」

——這套ＡＩ什麼時候會完成呢？

「二〇一七年一月到二月，效法我個人動作的３Ｄ分身就會完成了。在二〇一七年結束以前，我想做出一套可以重現其他人外貌和行為的系統，並且完成商品化。一年半以後，不管是會談或簡報，我對內和對外溝通有八成以上能用ＡＩ代勞。三年後，ＡＩ大概有辦法提供我經營上的建議吧。只是，ＡＩ對我來說純粹是方便的工具，終究無法超越我。」

訪談結束

據說，ＡＩ可以從過去的經驗推導出最適當的解答，但難以開創未知的可能性。才幹卓絕的經營者，具備這種靈感和敏銳的嗅覺。現階段米倉千貴也不敢保證，自己能用這些才能做出判斷力更勝自己的AI。就算AI完全學會天才經營者的思維，也還是比不上人類吧。當米倉千貴的員工得知自己交談的對象是AI時，他們的反應大家也看到了。員工是否願意遵從AI的指示，在AI底下工作，這對於接納的一方來說，遠比技術性的問題更大。

（編輯委員瀨川奈都子報導）

米倉千貴

一九七七年生，一九九九年愛知大學文學部肄業。學生時代就加入電子書經銷商MEDIA DO，擔任兼職的手機銷售員，二〇〇一年成為該公司的董事。二〇〇四年開設新創企業，於二〇一四年出售。為了開發出擁有個人特色的「個人化AI」，於二〇一四年創立ALT，聯合國內外的研究機構，一同解析文章和聲音，戮力開發具有機器學習功能的人工智慧。

實際案例 AI改變律師與會計師的工作方式

像律師或會計師這一類仰賴知識和經驗的專業工作，也逐漸受到AI的影響了。AI比人類更擅長從龐雜的文件中，尋找跟訴訟有關的證據。AI辦得到的事情就交給AI來辦，人類就專心處理非人類不可的工作。現在這樣的工作方式愈來愈普遍了。

大型律師事務所 Baker & Hostetler，位於華盛頓市區內的某棟高樓大廈中。該事務所的櫃台區跟高級旅館大廳一樣豪華，裡面還有收納判例和論文的圖書室。不過，碩大的圖書室裡空無一人，合夥人基伯特．凱特達斯說，最近他很少看到年輕律師泡在圖書室裡，以前他年輕的時候幾乎整天待在裡面。

該事務所在三、四年前，引進了AI系統。律師打官司必需從大量的郵件和文件中，尋找必要的證據。以前年輕律師泡在圖書室裡找資料，如今由AI代勞了。

提供這套系統的，是經營資料解析的 FRONTEO 企業。FRONTEO 的執行長白井喜勝在二〇一三年指出，美國法官對AI的態度，已經從「AI可用」變成「AI應該用」了。

律師若來不及整理好訴訟證據，法官也不得不延後指定好的開庭日期。太常延期的話，對於工作繁重的美國法院來說是一大負擔，因此白井執行長認為，法官贊同律師使用AI也是要避免延期。

據說在美國律師業也逐漸兩極化了，一種是在法庭上展開高度論戰的律師，另一種是專門分析調查各種證據的律師。這兩種律師的收入差距極大，很多律師無奈表示，AI出現可能會讓差距拉得更大。

不只律師受到影響，會計師也一樣。當初新日本監察法人沒有防範東芝財報作假，因而遭受金融廳的行政處分，如今引進AI以後，商業結構也逐漸轉變了。

過去會計師負責的財報審核工作，已

律師事務所 Baker & Hostetler 的圖書室空無一人（位於華盛頓）。

經有一部分比較簡單的交由AI處理了。會計師主要負責顧問方面的工作，聆聽客戶的疑問，指出財務上的課題。

新日本監察法人急於改革，為了掌握查核技能了解客戶的事業本質，他們還聘請東大研究所的教授舉辦演講，實施新的研修課程。東芝財報作假的醜聞破壞了該公司的信譽，他們打算大幅改變事業結構，力求圖存。

AI迅速改變了許多人的工作方式，人類必需處理更人性化、而且是非人類不可的工作。不過，那些「非人類不可」的工作未來會愈來愈少。

大型律師事務所 Baker & Hostetler 的合夥人
基伯特・凱特達斯律師。

3 諾貝爾獎消失的那一天

宇宙究竟是由什麼構成的？打從哲學家德謨克利特在古希臘時代提倡「原子論」以來，人類就一直在追尋這個答案，而現在AI也要解決這個最大謎團。

位於瑞士日內瓦郊區的歐洲核子研究組織（CERN），試圖用AI檢測暗物質，暗物質在宇宙構成中占了三成左右。研究員毛利齊奧．皮里尼表示，一旦檢測出來絕對會得諾貝爾獎。具體方法是用周長二十七公里的圓形加速器，重現宇宙誕生瞬間的「大爆炸」，再由AI檢測影像。

無法消除的不安

不過，研究企畫負責人伏拉迪米．格利戈羅夫一直有個不安。他的不安是，一定有人無法接受演算過程不明確的結果。AI在推導結論的過程中計算太過複雜，人類很難事後再來闡明原因。這又稱為AI創造的「黑盒子」。

換句話說，到時候獲得諾貝爾獎等級的研究成果，有資格談論研究內容的不是人類，而是AI。諾貝爾獎堪稱是人類智慧的最高峰，當這個最高峰的主導權在AI手上，人類的研究熱忱還能持續到什麼時候？歐洲核子研究組織掀起的議論，也等於是在問我們一個問題，人類在AI進化的時代中到底有什麼價值？

也有人打算讓AI獲得諾貝爾獎，索尼電腦科學研究所的北野宏明社長，推動了一個日美歐聯合舉行的企畫，目標是在二十一世紀中葉奪得諾貝爾獎。

北野宏明是有勝算的，AI的強項在於可以讀取大量論文，以極快的速度構思龐大的推論與假設，並且反覆進行驗證。人類的大發現仰賴靈感和偶然，AI則用壓倒性的速度與數量來挑戰人類。

企畫團隊的其中一名成員是英國曼徹斯特大學的羅斯．金教授。他用自己開發的AI機器人「夏娃（Eve）」來分析乳癌的成因。夏娃分析一萬五千份論文和病歷資料，預計在二〇一七年發表論文。羅斯教授很認真地說，AI得到諾貝爾獎只是時間早晚的問題罷了。

探究人類的能力

如果有一天，諾貝爾獎都被AI拿走該怎麼辦？

名古屋大學的名譽教授池內了，是宇宙物理學家，他認為AI的進步會使人類本來的能力退化。舉例來說，人類發明了汽車和飛機，行動範圍有了飛躍性的進展。但文明愈進步的國家，人民的下盤就愈脆弱，這已經發展成很

皮里尼說，找到暗物質的話絕對會得諾貝爾獎。

嚴重的問題。肥胖問題在美國相當普遍，肉體上的退化也有可能發生在頭腦上。

愛因斯坦說，人類所能擁有的最美好的經驗，是神祕的事物。有朝一日也許ＡＩ真會超越人類，但想要解開謎團的好奇心並沒有優劣之分。我們應該開始探索，人類具備哪些ＡＩ缺乏的能力。

採訪　直木賞作家與AI的關係——想將舞台設定交給AI（朝井遼）

ＡＩ在文學界也逐漸受到重視，利用ＡＩ創作的小說突破了「星新一賞」的第一次預選。未來ＡＩ有沒有可能成為小說家呢？我們來聽聽看直木賞作家朝井遼的看法，他打算跟ＡＩ一起共同創作小說。

——為什麼您對ＡＩ感興趣呢？

「我聽說，ＡＩ有能力找出通往目標的最短捷徑，這個能力是我目前最需要的，因此我開始對ＡＩ感興趣。我在寫小說的時候，會先決定好自己想寫的題材，有什麼最棒的結局，然後再開始寫故事，但製作大綱是非常花時間的事情。

「比方說，為了寫出最棒的結局，主角必需是男性或女性？假如是男性，那麼他應該住在城市或郊區？還有他的年收多少比較恰當？……這些要素有無數的選擇，沒辦法一一嘗試讓我感到很煩躁。老實說，我想多嘗試一些架構再來寫稿。你給ＡＩ一個目標，它就會朝著目標學習，推導出無數的模式，從中挑選出最恰當的解答。

「尤其想要改寫一些常見的故事類型時，使用ＡＩ似乎特別有效。好比運動類的故事，就需要常見的情感宣洩，像是『弱小隊伍最後逆轉獲勝』之類的。這一類的故事架構，雖然有細部上的差異，但本質上是相近的。例如主角找到同伴、隊伍分裂、出現競爭對手、隊伍重新團結、主角受傷等等。像這種小說的大綱，作家不太有發揮特色的空間，我想試著交給ＡＩ來處理。

「我聽說海外有人用ＡＩ寫音樂劇的腳本了，對此我深表認同。畢竟音樂劇通常都是一些常見的經典感情宣洩居多。」

——身為一個作家，您對於外包大綱沒有堅持嗎？

「如果是寫嶄新的發現或價值觀，或是對世態的考查，我還是希望自己來想大綱。但有時候我也想寫一些常見的感情宣洩故事，這種情況下大綱不太需要作家的特色，外包給ＡＩ我沒什麼抵抗感。如何用文章表現來彰顯特色，我認為這一點會愈來愈重要。我想依照ＡＩ的大綱創作，從中發揮作家的特色。

「我最近的作品《不完美的你和我》，花了好大的功夫才找到『以音樂世界為舞台』的故事前提。如果有ＡＩ幫我從無數的舞台中，挑選一個最棒的答案就好了，只是當我實際寫音樂舞台的故事，還是很擔心這個故事到底好不好。偏偏我也沒有時間思考其他的舞台了，要是有ＡＩ幫我重複嘗試不知該有多好。」

——用ＡＩ創作推理或懸疑小說似乎也很有效呢。

「像脫離密室、破解不在場證明，這些已經有明確結局的故事類型，ＡＩ的創作應該會發展得特別快吧。相對地，ＡＩ

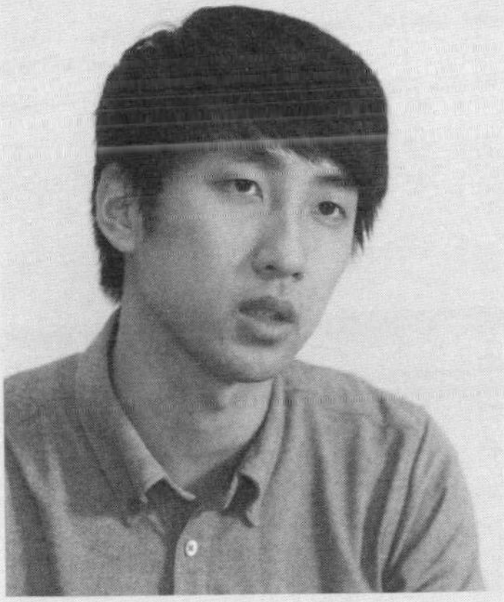

朝井遼表示，AI 會從舞台設定的無數類型中推導出最適當的答案。

似乎還沒辦法學習缺乏特定目標的事物，也就是不具備發現新事物或考查的能力。因此，作家用來闡述新發現或新考查的故事，或是純文學小說，對現在的AI來說還太困難了。」

——現在很盛行用AI來寫小說，您認為AI有可能創造故事嗎？

「有既定結局的故事，現在AI應該馬上就寫得出來了，但書寫文章的能力還是人類比較優異才對。比方說『櫻花盛開，我覺得櫻花很美』這句話，AI輕輕鬆鬆就寫得出來。但人類會寫出『櫻花盛開，我卻感到悽涼』這類的句子，文章本身也是平鋪直述，但背後的意涵卻是完全相反的，而我們對這種文章會有所共鳴。這在文章上是一種矛盾，只有人類可以感覺到心中那柔軟的部分。AI也許還要花一段時間，才寫得出『在愉快歡騰的氣氛中，我卻暗自垂淚』之類的文章吧。」

——您怎麼看待AI對社會或世界造成的影響？

「大家常說AI對人類是一大威脅，但我身為小說家是抱持肯定的態度。AI無疑會是我們創作的一大利器，即使AI有能力完成人類的工作，也不代表所有的工作都會被AI取代。這就好像現在鍋具普及，我們還是會吃生食啊。與其說人類會被AI浪潮淹沒，不如說我們可以選擇要不要讓AI來處理工作。

「在文學的世界中，跟AI一同創作大綱是極有可能的。將來AI若能寫出原創的小說，那也不過是誕生了一個AI作家而已，人類的作家不見得會被淘汰。到時候要閱讀AI作家還是人類作家的小說，這對讀者將是一種稀鬆平常的選擇。」

（採訪記者近藤佳宜）

朝井遼

一九八九年生，岐阜縣出身。二〇〇九年以《聽說桐島退社了》（此作品奪得小說昴新人獎）出道，二〇一三年以《何者》奪得直木獎。其他還有《男子啦啦隊》《黑桃三》《武道館》等作品，以及隨筆《悠久的閑靜》。

實際案例 準確率高達九成——AI預測熱門金曲

美國最具代表性的爵士歌手諾拉・瓊絲，以及同樣兼具實力與人氣的搖滾樂團魔力紅，這兩大美國樂壇當紅的音樂人，其實是有共通點的：AI是他們大紅大紫的原因之一。

幫助他們紅透半邊天的關鍵人物是麥克・馬雷迪，他設立了新創企業Music X-ray，並擔任執行長，利用AI分析熱門金曲。他設立這間公司以前，曾接受唱片公司的委託，用AI分析樂曲，時間約莫是二〇〇二年左右。

AI研究了諾拉的新專輯曲目，發現十二首歌曲中有十首以上的歌曲有九成機會大賣。專輯剛上市發售時，銷量尚可，後來媒體報導了AI的分析結果，諾拉的專輯就開始廣受矚目，一躍成為暢銷全球的專輯。當中收錄的「Don't Know Why」即是她的代表作。

同一時期，魔力紅在其他唱片公司推出專輯，並以其中一首歌曲作為單曲發行。

但馬雷迪的ＡＩ認定會紅的是另一首歌曲，於是該唱片公司另外發行了那首單曲的專輯。結果，本來沒沒無聞的魔力紅銷量愈來愈好，最終創下了一千萬張的銷量紀錄。ＡＩ選擇的「This Love」至今依舊是魔力紅的代表作之一。

為何ＡＩ判斷那些歌曲會紅呢？馬雷迪笑著說他也「Don't Know Why」，ＡＩ判斷的理由他也不太清楚。ＡＩ是以經典名曲的旋律和節奏分析，再搭配宣傳費用等因素來計算大紅的機率。然而，ＡＩ是如何達到那些結論，馬雷迪也想不透。

現在馬雷迪發展出一門生意，也就

美國 Music X-ray 的執行長麥克．馬雷迪創造的 AI，
會計算出樂手的曲子可以獲得多少的關注。（於紐約市採訪）

是用ＡＩ預測歌曲會紅的機率有多少，然後替他們排名次。他說自己建構出了一套系統，可以讓ＡＩ判斷製作人會對哪些曲子感興趣，還有受歡迎的機率有多少，這樣做可以事先剔除一些沒人感興趣的曲子。

音樂人要大紅大紫，少不了唱片公司等各方專家的協助。不過那些專家，也沒有時間聽完每一個音樂人的作品。馬雷迪的ＡＩ會用過去暢銷曲目的旋律和節奏，分析專家感興趣的曲風，例如專家要的是東洋風的女性歌手，ＡＩ就會參照二十六萬五千多位音樂人的作品，計算那些作品會得到多少專家青睞。

看到ＡＩ換算出來的數字，音樂人就知道自己毛遂自薦的成功率有多高，專家也可以由此決定先聽誰的曲子比較好，而馬雷迪則能夠賺取音樂人登錄服務的費用。

此外，也有ＡＩ開始製作樂曲的事例。加州大學聖克魯茲分校的大衛・科普名譽教授表明，他曾經提供ＡＩ製作的曲子，給美國的兩個流行樂團使用。

一九八〇年代後期，科普教授無償提供大約三十種簡譜，上面記載了和弦與音樂旋律。那些就是所謂的樂曲素材，全部都是他開發的ＡＩ創作的。

他在提供素材時，對方要求他簽下保密契約，不能公布音樂的提供者是誰。樂團本身也擔心聽眾反感，瞞著聽眾讓他們聆聽AI創作的樂曲，會惹火很多人。科普教授乖乖簽下契約，後來也沒再跟樂團交流過了。

馬雷迪也承認，用AI評鑑音樂會招來反感。音樂人辛苦做好的曲子，被機器認定得不到專家的青睞，很多人都無法接受。馬雷迪說，確實有音樂人批評他的做法。

創作性的領域本來是人類的專長，如今AI也開始踏入這塊領域了。音樂、文學、美術的領域都有AI。AI能否創造出新的作品感動眾人呢？人與AI的關係又將如何演變？人類似乎還無法想像那樣的未來。

4 人工智慧對決人工智慧

二〇一六年十月七日，外匯市場激烈震盪。許多投資人都說，他們從沒看過那樣的價格變動。英鎊在短短的兩分鐘內跌落百分之六，創下三十一年來的新低點，一英鎊才兌換一．一九美元。大家都說其中一個原因，是ＡＩ操作的自動交易所致。

ＡＩ在交易量最少的時間點，分析歐洲政要的發言後下達拋售英鎊的判斷。

操作規模高達三百五十億美元的ＡＩ投資基金、美國度思投資管理有限公司的代表大衛．西格爾表示，投資的世界對人類來說變得太過複雜了。

比方說，某大企業的執行長辭職了會怎麼樣？ＡＩ會瞬間分析全世界各個執行長辭職造成的影響，並且選出最恰當的投資判斷。

我們請教他，ＡＩ是否能看穿聯邦準備理事會（ＦＲＢ）的決策？他自信滿滿地說可以，畢竟葉倫主席也是看資料做決定，不是隨便擲骰子的。

度思投資管理有限公司的員工，有將近三分之二是開發人員。辦公室裡還有員工開發的ＡＩ系統，利用氣動球一較高下。他們年初以來的投資績效高達百分之十二。

競爭特色

以往負責下達投資決策的基金經理人，已不再是金融世界的要角，ＡＩ開發者成為主角的時代快要來臨了。世界最大的橋水投資公司也有這樣的想法，所以聘請了蘋果電腦的幹部喬恩．魯賓斯坦擔任執行長。

預估ＡＩ會在二〇四五年超越人類，金融世界很有可能徹底改頭換面。野村綜合研究所的桑津浩太郎推測，未來高度進化的多元ＡＩ將會爭奇鬥豔。他說勝負的關鍵在於，能不能超出競爭對手的預期。

當前的ＡＩ有可能一起下達同樣的判斷，造成市場價格劇烈震盪。提高ＡＩ的學習能力，金融市場就會產生各種看法互相抗衡，發揮價格發現的機制。

當然這也不全然是好事。曾經清算過ＡＩ基金績效的 PLUGA Capital（位於東京都的千代田地區）高層合夥人、古莊秀樹表示，希臘債務危機或安倍經濟學這些前所未見的事件發生時，ＡＩ也做出了錯誤的市場預測。

駕馭ＡＩ

一旦前所未有的大事件發生時，根據經驗進行預測的ＡＩ很可能下達錯誤判斷。然而，如果人類阻止ＡＩ犯錯的手段只剩下拔

據說英鎊重貶與AI脫不了關係

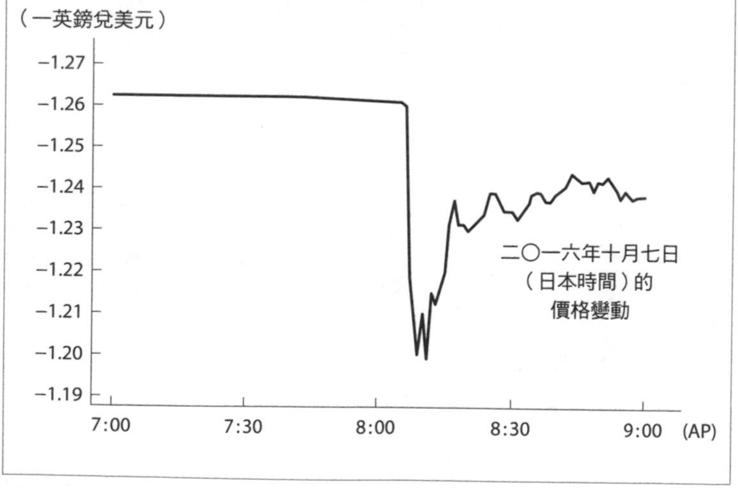

掉電源插頭，那市場恐怕會更加混亂。

住在新加坡的投資大師吉姆．羅傑斯擔心，未來的金融危機可能比雷曼風暴更加嚴重，但足以克服危機的ＡＩ尚未發明出來。

ＡＩ脫離人類的掌握也許會徹底失控，人類能否像「純種馬」的騎手一樣，順利駕馭ＡＩ呢？

實際案例　ＡＩ有可能加深國家之間的對立——ＭＩＴ伊藤穰一

美國麻省理工學院（ＭＩＴ）媒體實驗室以研究次世代技術而聞名，所長伊藤穰一對ＡＩ造成的衝擊是這麼看的。他認為ＡＩ跟網路發展非常相似，但會帶來更多超出預期的影響。ＡＩ會帶給人類便利，但也會加深人類負面的部分。

ＡＩ會吸收資料自行學習，不必仰賴人類也能迅速獲得知性。但伊藤穰一說，給予ＡＩ資料的是人類，人類給予的資料若有偏頗之處，可能會加深目前人類社會的不良層面，例如歧視或過度的民族主義等等。萬一AI被活用於軍事目的，攻擊特定民族或國家的傾向轉強，將導致人種或國家之間嚴重對立，陷入負面循環的困境之中。

另一方面，「自動駕駛」是AI提供人類便利性的典型範例，但這當中也有麻煩的問題存在。

MIT媒體實驗室曾在二〇一六年，做過以自動駕駛為題材的觀念調查。題目大意是，AI的程式設計應該如何處理以下的狀況：

一台自動駕駛的汽車載著一位乘客開在路上，如果繼續往前開進的話，一定會撞死十個路人，這時AI應該：

一、猛打方向盤，犧牲乘客拯救路人。

二、直走犧牲路人。

有百分之七十六的人都選擇（一）。不過，大家是否願意搭乘這種講究「實際利益」的自動駕駛汽車呢？大多數人都回答「不願意」。由此可見，站在乘客和路人的角度，大家對ＡＩ的看法也大相逕庭。

伊藤穰一強調，像這種跟倫理問題有關的分野，應該在使用ＡＩ的前提下設計整個社會的道德規範。不能只有電腦科學的技術相關人員參與，包括哲學家、人類學家、法學專家等等也要集思廣益，加強研究ＡＩ與社會的聯繫。

有些「樂觀看待奇異點」的人認為，ＡＩ在二〇四五年超越人類後，人類將會擁有富裕光明的未來，伊藤穰一的看法跟他們不太一樣。他的疑慮跟他過去的際遇有關聯。他在網路草創時期就深入業界，除了作為一個創業家展開活動以外，在某些跨國的非營利項目中也發揮了一流的本領，例如網域名稱、ＩＰ位址管理，以及網路上的著作權規則等等。

ＡＩ具有動搖各種產業和社會結構的力量，如今我們有必要將ＡＩ視為一種公共財產。

採訪 AI時代對中國有利（吉姆．羅傑斯）

使用ＡＩ投資的情況愈來愈普遍，對全球市場都造成了影響。ＡＩ是否會超越人類投資專家呢？真到那時候，推動市場的究竟是何種力量？人類又該如何因應？量子基金乃是對沖基金的先驅，該基金的創辦人是著名的投資專家吉姆．羅傑斯。我們請教他對於ＡＩ未來成為投資要角有何看法。

——請問ＡＩ能否超越投資專家吉姆．羅傑斯的投資手腕呢？

「在短期交易中，說不定電腦已經超越人類了。進化的ＡＩ或許有機會超越我，但目前還不到這個地步。要了解企業經營和經濟狀況，且用長遠的視野進行投資，這本身需要高度的分析和判斷力。電腦有能力處理龐大的資料，但該用何種資料下達何種判斷，並且採取什麼樣的投資行動，這都還仰賴人類的指導。」

——電腦欠缺什麼呢？

「我曾在一九八〇年代造訪中國，與中國人接觸，發現二十一世紀是中國的時代。當時美國人忌憚日本的經濟實力，沒有人注意到中國的潛力。電腦沒有這種直覺性的敏銳度，至少我不知道有這種ＡＩ。」

——ＡＩ若超越人類，金融市場會有怎樣的變化呢？

「那就把投資交給ＡＩ啊，就像我不踢美式足球，是因為有一堆人比我強。若ＡＩ比較聰明，人類跟它們競爭也沒意義。到時候多數人也沒必要工作，整天躺在沙灘上曬太陽、運動，跟希臘哲學家一樣讀讀書或辯論，享受知性的生活也很好。

「在這樣的世界裡，競爭力的高低取決於誰能開發和保有強大的電腦。就這點來說中國是有利的，他們的教育水平高、人口又多，能孕育出許多優秀的工程師。很遺憾地，人口開始下滑的日本和教育水準退步的歐美，都不具備這些優勢。」

——您對使用電腦程式交易有興趣嗎？

「我不用ＡＩ或程式交易。我習慣走在街上，造訪中國或俄羅斯，不然就看看報紙什麼的，尋求投資的靈感。再來就是徹底進行老派的基本分析，電腦交易主要集中在流動性極高的大型股，我的做法是腳踏實地，尋找電腦沒發現的潛力股。」

——二〇一六年十月七日英鎊大跌，有人認為是電腦交易造成跌勢擴大的，您的看法是什麼呢？

「如果是輸入錯誤造成急跌，那應該也會有大反彈才對。既然沒有大反彈，那就代表英鎊下跌自有其道理，市場因為某些因素反轉下跌，造成投資人恐慌殺盤的現象，這在程式交易盛行以前就屢見不鮮了。只是，程式交易加快了下跌的速度。」

——今後ＡＩ進化，金融界會如何變化呢？

「業界會改頭換面吧，證券經紀商或精算師之類的工作會消失，金融相關的職缺會愈來愈少。另一方面，投資人參與全球各大市場的難度下降，投資也變得更加容易。投資人的數量增加，規模也就隨之擴大。ＡＩ會帶動健康管理和醫療進步，人類會變得健康長壽，糧食供給安定，未來是一片大好啊。

「不過，我不認為世界會馬上變好。我很擔心目前的世界經濟狀況，歐美、日本、中國都債台高築，市場有升息的壓力，這不單是指美國利率上揚。一旦危機爆發絕對更勝於二〇〇八年的全球金融危機，能解決這危機的ＡＩ還沒發明出來。」

（採訪者谷繭子）

吉姆・羅傑斯（Jim Rogers）

一九七三年與喬治・索羅斯一起開創全球對沖基金的先驅量子基金，創下了驚人的獲利。他喜歡開車或騎車環遊世界，順便尋找投資標的，是一位知名的「冒險投資專家」。一九八〇年代他已確信二十一世紀是中國的時代，目前也大力投資人民幣和中國的醫療及農業。兩個美國籍的女兒都接受中文教育，二〇〇七年全家移居新加坡，現年七十四歲。

吉姆・羅傑斯。

5 人類能否從失敗中進化

二〇一六年十月四日，在韓國中部的大田，九段棋手李世石（譯注：韓文原名為李世乭）緊盯著棋盤。在開局大約三十秒後，他緩緩落下一子。經過了五小時的對弈，他擊敗了中國的年輕棋手，並在賽後檢討中展露了笑容。

這跟他八個月前的對弈結果完全不同。當時他的對手，是美國谷歌的子公司DeepMind開發的ＡＩ「AlphaGo」。李世石輸掉第三局，落入〇勝三敗的局面時，顯得心力交瘁。

「幾個月前我看AlphaGo對弈，覺得它實力還不怎麼樣，沒想到在短期間內會變得這麼厲害，我太不了解ＡＩ了。」

盲從直覺

最終，李世石留下了一勝四敗的敗績，他說敗給ＡＩ的衝擊，不是與人類對弈可相比的。ＡＩ讓他看到了自己的弱點，他說自己過去太仰賴直覺，他開始懷疑直覺是否可信。敗給ＡＩ以後的李世石，不斷研究當時的棋譜。

後來李世石的棋風為之一變，懂得細心地審時度勢，反覆印證自己的直覺是否正確。他的棋友九段棋手洪旼杓表示，自從他敗給ＡＩ以後又進步了。李世石的棋藝變得更加大膽、更加有創意，連計算能力也提高了。

接下來要挑戰ＡＩ的棋手，是將棋棋手羽

敗給 AlphaGo 的世界頂尖棋手，南韓的九段棋手李世石。

生善治。他打算在二〇一七年，出席人類對抗將棋軟體的「電王戰」。他說電腦軟體日新月異，人類棋手的價值將受到考驗，這就是他二〇一五年暫緩比賽的原因。

羽生善治也知道軟體會大幅超越人類，他並沒有必勝的把握。因此，能否留下電腦創造不出來的魅力棋譜，是一項大挑戰。

年輕人具備適應AI的能力

這兩位棋手對抗AI的比試，對我們來說是很真切的議題。未來人類輸給AI的領域會愈來愈多，但失敗也是進化的必要過程。二〇四五年，那些站在社會第一線的年輕人，是否做好準備面對AI了呢？

「Life is Tech」是一所專門教導中學生和高中生程式設計的學院（位於東京都港區），十四歲的長瀧谷晉司同學表示，有IT技能可以自己解決很多問題。最近他開發出一套應用程式，可以跟自閉症的朋友溝通。自閉症患者能用簡單的操作方式，在iPad上畫出想要吃飯的圖示。

當我們問他，對於ＡＩ高度進化的時代有何感想？他冷靜地回答，到時候寫程式碼會更加輕鬆。年輕世代已經開始學習面對ＡＩ了。

自從人類懂得用火以來，就一直在使用可能會威脅到自己的技術。人類付出了犧牲，卻從沒有選擇逃避，我們改變法律和規則，創造出新的技術來作為自己的動力，相信ＡＩ也能為我們所用。

採訪　輸給AI的九段棋手──AlphaGo教他的事（李世石）

二〇一六年三月，谷歌子公司開發的圍棋ＡＩ，打敗世界頂尖的韓國棋手李世石，消息一出震驚全球。圍棋比西洋棋或將棋更加複雜，大家都以為應該還是人類比較強，沒想到ＡＩ獲得了壓倒性的勝利。被擊敗的李九段說，敗給ＡＩ時的困惑不是與人類對弈可比擬的。拚盡全力卻敗給ＡＩ的頂尖棋手，究竟有什麼樣的感想？這一戰又帶給了他什麼啟示呢？二〇一六年九月初，李九段前來日本參加比賽，以下是我們採訪他的內容。

——請問您敗給ＡＩ後，是怎樣的心境？

「我一開始覺得這不可能，太荒謬了。在我跟 AlphaGo 對弈的幾個月前，就看過 AlphaGo 跟歐洲棋手的比賽了。當時 AlphaGo 還不怎麼樣，我認為自己一定贏得了，不料第一局就敗北了。敗給ＡＩ時的困惑不是與人類對弈可比擬的，我太輕敵了。現在回想起來，我對ＡＩ實在太無知了。」

——您有回顧與ＡＩ對戰的棋譜嗎？

「對戰後我就回顧很多次了，也發現了幾個實戰沒有注意到的重點。先來談一些基本的事情好了。一般來說，可供選擇的棋路愈少，ＡＩ就愈能發揮實力，因為演算力是ＡＩ的武器。就這點來說，人類是絕對贏不了的；但序盤的時候選擇幅度很大，我相信人類的直覺

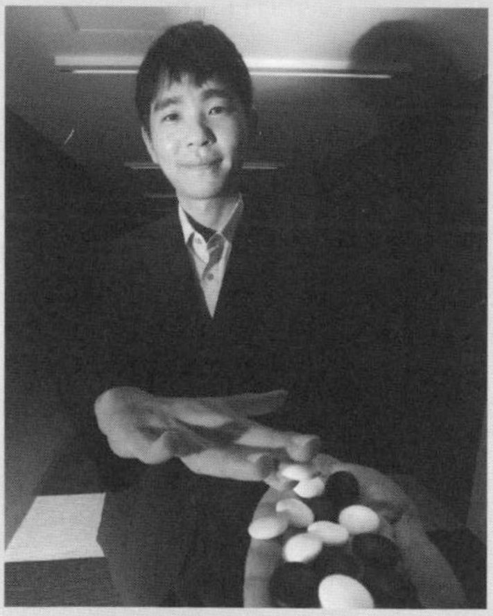

世界頂尖職業棋手，韓國九段棋手李世石。（攝於東京都千代田區）

有辦法贏過ＡＩ。結果事實正好相反，由於序盤充滿各種可能性，演算力優異的一方反而占有優勢，這一點我完全不了解，等比賽後我才想通。跟ＡＩ對弈，序盤更應該謹慎小心才是。」

——再一次對上 AlphaGo，您有自信贏嗎？

「如果是對上當時的 AlphaGo，勝算大概一半一半吧，就實力來說我是有勝算的。那麼，為什麼我不敢斷言自己穩贏呢？畢竟對方不用中途上廁所嘛（笑），ＡＩ的體力和集中力都是無限的，人類沒辦法那樣。人類再怎麼集中精神，難免有渙散的時候。而且ＡＩ沒有感情，例如在終盤的時候，人類會受到壓力的影響，當然也有可能過度自信。ＡＩ就沒有這些情緒了。」

——對弈後您的棋藝有變化嗎？

「我開始懷疑直覺是否可信了。我比較常依賴直覺，現在我認為也許不該盲目相信自己的直覺。」

——全世界的棋手都在模仿 AlphaGo 的棋藝呢。

「這是好事，我也會看 AlphaGo 的下法，思考該怎麼下比較好。AlphaGo 下的都是『會贏的棋步』，也就是配合對手實力，選擇最安全的下法獲勝。確實，要求勝的話就該用安全的下法，但實際上人類很難下出這樣的棋路，人類會追求最完美的方法。這就是人類的極限了，但 AlphaGo 告訴我們，其實用安全的下法就夠了。AlphaGo 下的並不是人類想不出來的棋路，而是人類想出來卻不會用的棋路。」

——AI在短時間內飛快進化，未來有沒有可能人類再努力都贏不了AI呢？

「到時候可能完全無法相提並論吧，總有一天會是AI對決AI，應該過不了多久就會這樣了。據說二〇四五年AI會超越人類，搞不好AI超越人類的時間會提早來臨，說不定AI早就已經超越人類了。不過我個人是抱持肯定的態度，AlphaGo 是人類發明的。雖然敗給AI令我受到不小的打擊，但過了一陣子以後，我發覺原來社會進展到這樣的地步了。AI或機器應該會帶給人類幸福，幫助我們發展吧。況且很多事情只有人類才做得到，關於這一點我倒是不擔心。」

——有哪些事情，只有人類棋手才辦得到呢？

「韓國和中國圍棋界，把圍棋當成運動競技，只重視比賽輸贏，對此我是有疑慮的。圍棋也是一門藝術，而且是需要對手的表演藝術，勝敗不代表一切。在棋盤上如何表現自己，我認為是身為一個人類必需要展現出來的部分。」

（採訪者關優子）

李世石

一九八三年生於韓國，拜於權甲龍八段門下，一九九五年入段，二〇〇三年即升登九段。曾在三星火災世界圍棋大師杯、亞洲杯電視圍棋大賽等世界性比賽，奪得優勝十次以上。

實際案例　AI會提早超越人類嗎？

大部分人都認為AI會提早超越人類，也有擔心人類無法控制AI

美國谷歌的發明家雷蒙德・庫茲威爾提倡的「奇異點（Singularity）」論述，是認為二〇四五年AI將超越人類的智慧。AI超越人類的日子，真的會到來嗎？日本經濟新聞社的線上論壇「社交面版／商業未來會議」（https://vdata.nikkei.com/s-panel/business/），曾對使用者做過一份問卷調查。

首先來看問卷調查的結果。截至二〇一六年十一月七日傍晚，最多人選擇的回答，是奇異點到來會比預期的還要早。回答「二〇四五年以前就會到來」的有一百〇二人，占了全體的七成左右。AI會從龐大的資料中選擇必要的學習資訊，可能大家開始感覺到，AI逐漸成為我們日常生活中的存在了吧。

駐版專家孫泰藏是創業支援公司 Mistletoe（位於東京都港區）的社長，他指出奇異點本來是指「人類和AI結合後，變得更厲害」的意思。從這個角度來看的話，其實將棋和西洋棋的世界已經面臨奇異點了。一般的使用者也說，早就有AI超越人類處理能力的事例了。

另一方面，第二多的回答是「奇異點不會到來」。選擇這個答案的人，占了整體的兩成多左右。

這些人的看法是，就算世界變得愈來愈方便，也不該創造出超越人類的存在，顯然他們擔心人類無法完全控制AI。也有人認為，AI帶動生產性提升也只是讓資本

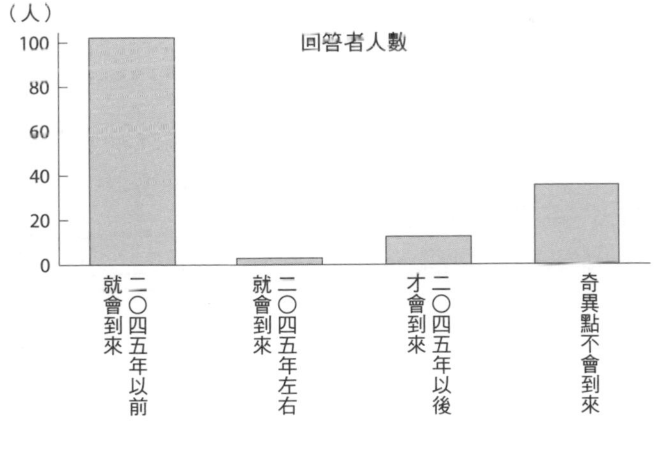

您認為奇異點什麼時候會到來？

（日經的「社交面版／商業未來會議」實施的調查）

（來源）「日本經濟新聞」二〇一六年十一月七日早報

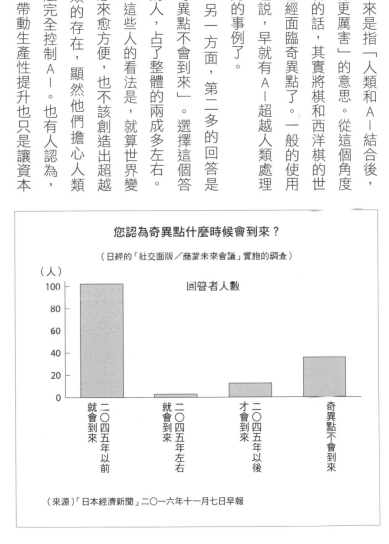

家占到優勢，人類不會有飛躍性的進展。

還有一些比較淡薄的意見，認為這次的AI浪潮不會維持太久。然而，整個社會還是很關心人類該如何面對未知的智慧。

第二章　超越人類的未來藍圖

1　AI拓展人類的能力，卻也造成社會不公

ＡＩ的能力與智慧，預計會在二〇四五年超越人類。在圍棋和將棋的世界，ＡＩ已經開始超越人類了。這對我們來說有什麼意義呢？人類、企業、國家的未來又將何去何從呢？

預言奇異點即將到來的美國發明家雷蒙德・庫茲威爾，在二〇一六年的秋天前來日本發表演說，他表示資訊技術會協助人類突破極限。

人類幾萬年前就懂得使用語言，但一直到十五世紀中葉，也就是比哥倫布發現新大陸還要早一點的時期，才開始有大幅度的經濟發展。約翰尼斯・古騰堡的活版印刷打破了人類的「極限」，過去仰賴記憶傳承的人類，開始大幅發展記錄文化。

從「資訊」的觀點來看世界史，其實就是「平等化」的一連串進程。有了活版印刷，再也不需要手抄《聖經》，歐洲也形成了「均質的商業空間」。記載商人成功故事和行商訣竅的「商人手札」，還有各種交易商品的「價目表」，也在各地印刷流通，打破了部分國家和有力人士掌控貿易的情形。

人類的通信手段從號誌發展到電報、電話、網路。歐洲和歐洲的延伸國家美國，之後也持續推動發明，跑在經濟發展的最前端。不過電腦和網路的問世，使得「均質空間」擴展到全世界，歐美和其他國家的「資訊不對等」漸漸弭平，如今全世界各個角落都進入「資訊對等的時代」。

那麼，AI時代又會如何呢？資訊的平等性和公開性不變，但保有大量資訊和分析應用的能力已是機器的專利了，西洋棋、將棋、圍棋就是最好的例子。電腦分析大數據後，從中學習幾億手致勝的棋路，因此能用超越人腦的正確性和速度，推導出「正解」。所謂的奇異點是指這樣的時代。

人類和AI會持續處於不對等的狀態，那該如何是好呢？京都產業大學的玉木俊明教授精通情報史，他說情報有分兩大種類，一是單純的資訊，二是客觀分析過的情報。人類是仰賴後者（判斷力）生存下去的，我們有必要重新思考教育的形式。

經濟也會改觀，ＡＩ應用不只局限於棋藝世界，在各方面超越人類的「泛用ＡＩ」將會問世。日本和捷克都在開發這類型的ＡＩ，兩國的開發團體在官網上表示，二〇三〇年左右泛用ＡＩ就會實用化了。

如果成功的話，機器將大幅取代人類的工作。駒澤大學的井上智洋講師表示，萬一機器大量奪走人類的工作機會，則有必要實施無條件基本收入（政府無條件提供人民生活所需的必要資金）。

活用ＡＩ的技巧高低，將決定人與人之間、企業與企業之間、國家與國家之間的高低。井上智洋稱此為「ＡＩ落差」。ＡＩ原本是帶來平等的技術進化，人類必須重新反思技術進化的意義何在。（評論員中山淳史）

二〇四五年人類將擁有「第二大腦」

ＡＩ這個詞彙是在一九五六年誕生的。美國的約翰．麥卡錫博士相信，機器有能力效法人類判斷和學習，因而命名為「ＡＩ」。

ＡＩ研究分為幾大浪潮，最初的浪潮是在ＡＩ這個詞彙誕生後的一九六〇年代，主要研究探索和推理能力、破解迷宮和拼圖遊戲。電腦只會依照程式設計師的編排，執行單純的指令，應用範圍十分狹隘，研究也暫告一段落。

第二次浪潮是一九八〇年代，號稱「專家系統」的ＡＩ盛極一時。人類給予系統大量資料，讓電腦從中推導出答案，取名「專家系統」是希望ＡＩ能代替專家。日本通商產業省（現在的經濟產業省）砸下五百億日圓以上的資金，卻連最基本的問題都解決不了，計畫也無疾而終。

第三次浪潮在二〇一二年。加拿大多倫多大學的傑弗里．辛頓教授的團隊，活用深度學習（Deep learning）技術，付予ＡＩ自行學習的功能。該團隊研發的ＡＩ在影像識別大賽中奪得冠軍，掀起一股ＡＩ浪潮。之後，美國谷歌的「AlphaGo」學習大量棋譜，擊敗了世界頂尖的圍棋棋手。

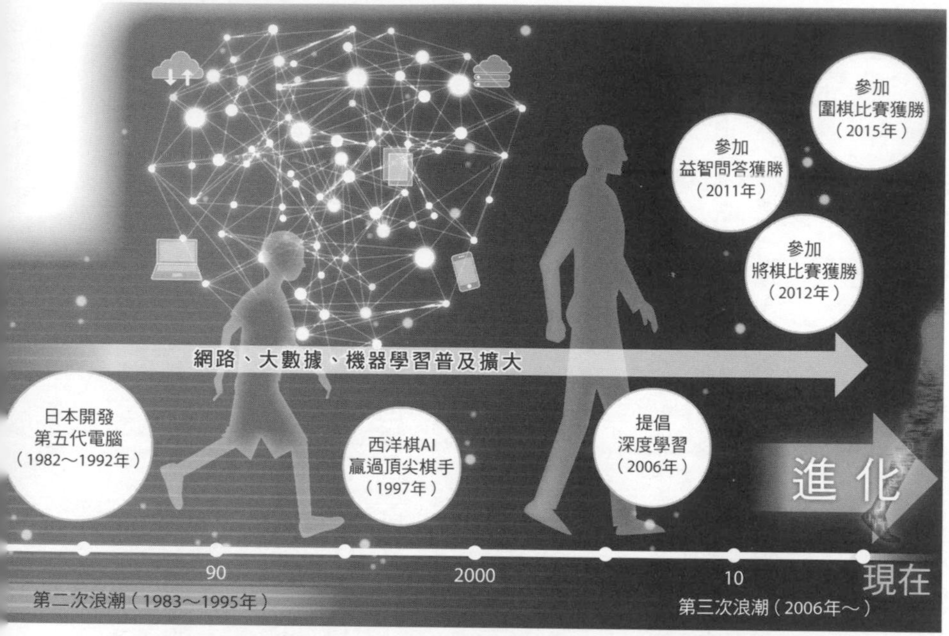
參加
圍棋比賽獲勝
（2015年）
參加
益智問答獲勝
（2011年）
參加
將棋比賽獲勝
（2012年）
網路、大數據、機器學習普及擴大
日本開發
第五代電腦
（1982～1992年）
西洋棋AI
贏過頂尖棋手
（1997年）
提倡
深度學習
（2006年）
進化
90
2000
10
現在
第二次浪潮（1983～1995年）
第三次浪潮（2006年～）

接近人類頭腦的人工智慧（AI）

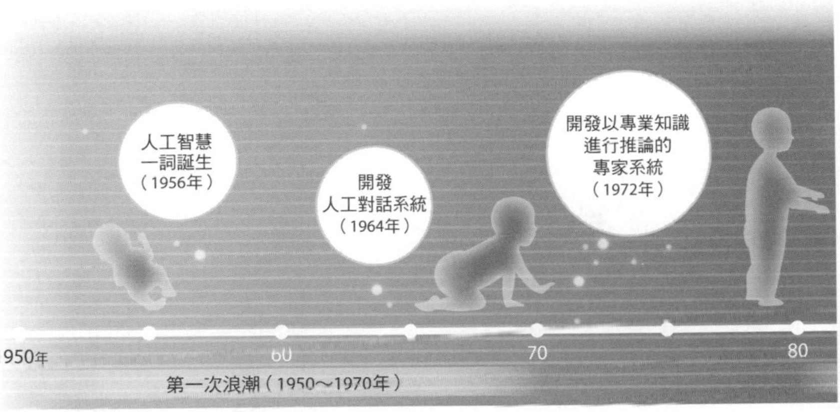
人工智慧
一詞誕生
（1956年）
開發
人工對話系統
（1964年）
開發以專業知識
進行推論的
專家系統
（1972年）
1950年
60
70
80
第一次浪潮（1950～1970年）

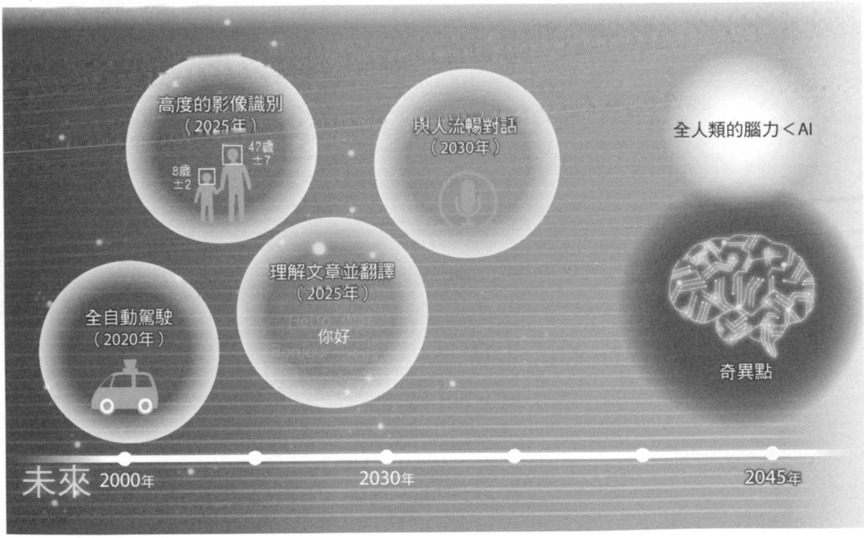
高度的影像識別
（2025年）
8歲
±2
42歲
±7
與人流暢對話
（2030年）
全人類的腦力＜AI
全自動駕駛
（2020年）
理解文章並翻譯
（2025年）
你好
奇異點
未來
2000年
2030年
2045年

在美國谷歌任職的發明家雷蒙德．庫茲威爾認為，人工智慧超越人類的未來，將在二〇四五年成真。依照他的預測，到時候我們可以掃描自己的大腦，做出第二個大腦，進行更聰明的思考，而這也形同延長了壽命。人類的智慧得到擴張後，文明將進入全新階段。

當然，ＡＩ帶來的也不全然是光明的未來，許多國家打算把ＡＩ應用在軍事上，自動攻擊敵人的無人飛機和機器人也在開發中。

有人主張使用ＡＩ武器可減少自家人的傷亡。但也有人認為，這樣做大家會失去對戰爭的厭惡，反而更容易引發戰爭。尤其ＡＩ成本相對便宜，恐怖份子也更容易取得。

2 各界專業人士對二〇四五年的看法

我還不會輸——新加坡投資人吉姆．羅傑斯

ＡＩ持續進化，總有一天會超越我吧，但現在還不到那個階段。ＡＩ比人類厲害的話，以後投資交給ＡＩ來就好。如果ＡＩ更聰明，人類跟ＡＩ競爭是沒有意義的。到時候大部分人也沒必要工作，整天躺在沙灘上曬太陽、運動，像希臘哲學家一樣讀讀書或辯論，享受知性的生活也好。

在這樣的世界裡，競爭力的高低取決於誰能開發和保有強大的電

腦。就這點來說中國是有利的，他們的教育水平高、人口又多，能孕育出許多優秀的工程師。很遺憾地，人口開始下滑的日本和教育水準退步的歐美，都不具備這些優勢。

ＡＩ繼續進化下去，證券經紀商或精算師之類的工作會消失，投資人參與全世界各大市場的難度下降。不過，我也不認為ＡＩ帶來的美好世界會馬上成真。經濟危機一旦爆發絕對更勝於二〇〇八年的困境，能解決這個危機的ＡＩ還沒發明出來。

「AI擁有自主性」純屬幻想——法國哲學家尚加布列．加納西

ＡＩ會奪走人類的工作嗎？一直以來都有這樣的疑問，一九二〇年代捷克作家創造出「機器人」一詞後就有類似的疑問了。人類失去工作能力後威嚴盡失，而機器人得到權力後企圖消滅人類，時至今日還是有人在擔心這些問題。

前陣子有科學家預言，三十年內ＡＩ會取代百分之五十的工作，同時也會衍生出新的工作機會。問題在於，新的工作機會是否跟失去的工作機會相等？

未來不見得是美好的，ＡＩ持續進化下去，貧富差距將愈拉愈大。受過高等教育的人享有大量的酬勞，其他人的生活則風雨飄搖。我們的教育需要跟得上時代演進，今後ＡＩ會應用在更多的工作上，但機器突然擁有自主性脫離人類掌控，這純粹是幻想吧。

比人類更值得信賴——中國科幻第一人王晉康

過去文化大革命的時候，我也懷抱著滿腔熱忱參與了。現在回過頭來看，真是滑稽到可笑的地步。但在那個當下，我不認為自己是錯誤的，所以ＡＩ的決定遠比人類更可信。

大家也沒必要害怕ＡＩ，人類的工作會隨著時代改變。過去家具都是手工製造的，現在多半是機器生產。許多工作被ＡＩ取代後，人類就有更多休息時間了，我擔心勤勞的ＡＩ會讓人類變得懶散。

二〇四五年ＡＩ一定會超越人類。ＡＩ的個別能力已經比人類強了，總有一天綜合知能也會超越人類吧。短短一百年的技術發展，說不定能超越地球生物數十億年的進化歷程。ＡＩ跟人類一樣都屬於生態系的一員，ＡＩ不會消滅人類，可以想見雙方會產生新的共生關係。

需要更嚴謹的規範——美國史丹佛大學教授保羅・沙福

計算機已經超越我的一部分能力了，挖掘機也一樣。不過，機器是無法取代我的，我想表達的是，請大家先冷靜一點。回顧歷史我們可以發現，機器確實破壞了人類的工作機會，但也創造出了新的職缺，ＡＩ問世這一點也不會改變。

如果要把二〇四五年打造成我們期望的未來，那麼我們應該負起責任好好討論技術的使用方法。未來會需要更嚴謹的感情約束和規範，人類的倫理和文化跟不上技術的進化，這才是問題所在。

了解機器做的事情也很重要，程式交易已經引發證券市場混亂，自動操作的飛機也因為感應器失靈而墜落了，我們需要一套機制來應付意外狀況。

經營判斷最後還是仰賴人類——日立製造所社長東原敏昭

就經營層面來說，ＡＩ可以發揮審核的機能。例如某個經營數據算出來以後，ＡＩ會依照過去的資料提出經營可能惡化的警訊。ＡＩ的思維比人類更加深遠，但最終做決定的還是人類的直覺。ＡＩ在知識和處理能力方面或許更勝人類，可是我不覺得經營者會被取代。

日本的人口老化和人口減少愈來愈嚴重，ＡＩ很適合用來推動經濟發展。比方說，如何用電訪的方式招攬更多顧客？AI告訴我們，趁午休時間人們比較願意閒聊的時候電訪，更容易招攬到顧客。

當然AI也有恐怖的一面。二〇四五年網路空間和現實世界就再也沒有區別了，如果沒有辨識虛實的能力，就不知道該相信什麼才好。用虛擬的方式重現過世的人，這在技術上來說是可行的，但該不該開發就要考量倫理觀了。

一起活下去的「夥伴」——身障跑者高桑早生女士

二〇四〇年代身障奧運的某些比賽項目，或許會很接近奧運水準吧。現在已經有人開始分析人體結構、動作，還有相關的訓練方式了，使用AI可以強化選手的實力。

在義肢上加裝AI也滿有趣的，對我來說義肢比較接近「夥伴」，而不單是自己身體的一部分。如果義肢擁有智慧，能告訴我什麼樣的姿勢對我有利，那就更好了。義肢擁有自發性的思考能力，我想對日常生活也是有幫助的。很多事情若義肢能主動判斷，對使用者的生活會更加便利。

只是，人類短期內應該不會積極把自己的身體換成機器。像我失去了一部分的身體，對身體只有更多的執著與喜愛，所以這想法也會有人不贊同。

改變死亡的意義——光明寺僧侶松本紹圭師傅

正因為ＡＩ的發展帶來重大的社會改變，流傳已久的傳統宗教才會受到矚目。新的技術發展是重新思考宗教存在價值的契機，宗教享受新技術的恩惠不足為奇，在佛教的觀念裡ＡＩ應該稱不上禁忌。

說不定ＡＩ會改變我們的生死觀，人類沒辦法體驗自己的死亡，我們都是透過別人來感受死亡。讓ＡＩ學習人腦的資料，或許可以打造出與亡者極其相似的存在，要留下新的回憶也不無可能。我們看待別人死亡的意義將會改變，搞不好就某種意義來說，未來會是「沒有死亡的時代」。

佛教的基本認知是「諸行無常」，意思是人世間的一切永遠都在改變。佛教既不肯定也不否定ＡＩ對生死觀的影響。即使生死觀改變，人生無法盡如人意的「痛苦」依舊不變。

人跟機器一起工作的模式——準備讓ＡＩ考取東大的新井紀子女士

以日本人口減少為前提，設計出人類與ＡＩ一起工作的勞動模式，這絕對是一種競爭力，希望二〇二五年以前設計得出來。以後機器會涉足白領階級的工作，安排一個適合機器工作的環境也很重要。到時候，企業能否支付勞工養家活口的薪資將是一大課題。

人力資源豐富的國家對這些技術大概沒興趣吧，印度和中國就是如此，從國外召集廉價勞動力的德國也一樣。日本若不希望引進外籍勞力，那麼將會是情況最危急的國家。

我開始推動讓ＡＩ考取東大的企畫，也是希望大家看清未來會是一個怎樣的社會。如果ＡＩ成功考上東大，日本人和企業就會了解原來ＡＩ還有不同的使用方法。

實際案例　人類與機器對決或共生的電影題材

透過ＡＩ反思人類是何物

過去的電影、文學、戲劇是如何描述ＡＩ的呢？

二十世紀初，人們認為機器會變得非常接近人類。捷克作家卡雷爾・恰佩克在一九二〇年創作的戲曲中，講述了「機器人」代替人類工作，最後反抗人類的故事。後來，就有各式各樣的機器人形象誕生了。

古典科幻作品「大都會」（一九二六年上映），出現了金屬製的邪惡機器人「瑪麗亞」，使整個都市陷入混亂之中。故事背景設定在二十一世紀的未來都市，機器人有著閃亮的金屬身軀。

改編成電影和小說的「二〇〇一太空漫遊」（一九六八年上映），則在人們心中留下了機器會威脅人類的深刻印象。一台控管太空船的電腦「HAL」，擁有解讀人心的能力，於是展開殺害船員的反抗行動。

到了八〇年代，危害人類的機器又成了娛樂大作的題材，最具代表性的作品莫過於電影「魔鬼終結者」（一九八四年上映）了。

故事描述人工智慧「天網」指揮機器大軍消滅人類，而主角擔任人類反抗軍的領袖展開反擊，電影中出現的機器人是非常殘酷的。

到了二十一世紀，機器與人類共生的題材浮上檯面了。電影「A.I.」描述一個有感情的少年型態機器人，踏上旅程追求母愛（二〇〇一年上映）。至於電影「大英雄天團」則是描述一個失去哥哥的少年，碰到了哥哥生前製作的機器人，兩人培養出深厚的情誼（二〇一四年上映）。

近期的電影把機器人塑造成人類的夥伴。例如，搭載ＡＩ的機器人尋求人類的愛情和友情等等。兼具智慧和感情的ＡＩ交織出各式各樣的故事，讓我們反思究竟什麼是人性。

日本一直以來也有不少人與機器共生的題材，搭載ＡＩ的機器人「原子小金剛」和「多啦Ａ夢」就是代表性的例子。日本生產的機器人也能看出這樣的風格，好比ＳＯＮＹ的家庭用寵物機器人「ＡＩＢＯ」、軟銀的人型機器人「Pepper」等等，都屬於伴侶型的機器人。

第三章　看不見的變化

1 理想社會的陷阱

在菲律賓馬尼拉的賭場裡，一位玩輪盤不斷輸錢的韓國男賭客，和當地女荷官的對話引人發笑。男賭客說自己輸到沒錢買機票回家了，女荷官要他游泳回去不就得了。

賭場裡的荷官和賭客，都不知道賭場引進了某項最新技術。天花板上每隔五十公分就設有一個監視器，這可不是單純的監視器，而是可以事先抓到老千的系統。

系統分析過有毒品、竊盜前科的十萬名罪犯照片，鎖定表情或肢體動作可疑的人物。系統每天可以抓出大約十個可疑份子，也有暗中受到重點監視的女性。

可能侵害人權

世界各國的機場和大型活動會場，也開始採用同樣的系統了，但這也有一個問題。美國的某個系統曾經「公平」分析過去的資料，結果認定黑人遠比白人更加可疑。

熟悉AI法規配套的慶應大學教授新保史生表示，有的學說認定犯罪者是先天形成的，以這種思維設計的系統可能會嚴重侵害人權。搞不好有朝一日，沒做壞事的人突然被AI認定為潛在犯罪者，而受到旁人的疏離。這樣即使犯罪率降低，又豈能稱得上是理想社會？

企業也陷入兩難

企業也面臨了同樣的難題，日立Solutions在二〇一七年二月販售一套AI系統，可以分析出哪些員工比較容易離職。分析的依據是員工處理業務的狀況及加班的時間，系統分析完會對主管提出警告，建議主管分散業務量以防止離職情況發生。

主導此一企畫的山本重樹部長煩惱的是，到底該不該讓這套系統指出個別員工。萬一上司知道某個員工可能離職，那麼必定會影響到該員工的人事考評。因此，他和客戶簽定契約時要求不能損害個別員工利益，系統只會出示可能離職的員工人數。但這樣做也限制了防止離職的效果，企業方也感到為難。

我們必須制定規範，明示ＡＩ在各個領域的使用方式，以求人類和ＡＩ能順利共存，可惜將棋的世界已經晚了一步。

二〇一六年，三浦弘行九段棋手疑似在比賽中使用手機軟體作弊。事後經過調查，案子以證據不足簽結，日本將棋聯盟會長谷川浩司決定辭職以示負責。他遺憾地表示，將棋軟體的功能愈來愈強大，但制定規範的速度太慢了。

另一方面，身障奧運也將在二〇二〇年舉辦東京大賽。日本身障奧運田競聯盟理事長三井利仁表示，必須盡快制定相關規範才行。比賽用的義肢和輪椅雖然沒有特殊規定，但使用ＡＩ的選手可能有極大的優勢。

公平的ＡＩ被人類誤用也會變得不公平，ＡＩ會打造出什麼樣的社會，關鍵還是在人類身上。

實際案例　AI人事考評沒有偏見——離職率下降了

如果我們的上司是AI，人事考評是否會秉公處理？用人唯親、逢迎拍馬的惡劣職場文化是否會消失呢？網路廣告公司SEPTENI HOLDINGS，把員工的業績、性格、適性等要素統統數據化，讓AI來決定人才的雇用與安排。那麼人類是否願意遵從機器的指派？我們來看看先進企業的狀況吧。

第一顧問部門的部長本間崇司說，起先他也不太相信AI的功能，但員工的離職率真的明顯下降了。本間部長每半年會參考一次AI分析的資料，重新進行人事考評。AI會把影響各部門表現的隱性要素數據化，例如員工與工作內容的契合度、員工之間的人際關係等等，本間部長再參考這些數據來安排人事。

該公司在二〇一五年的秋天，正式採用AI分析的資料來考量人事戰略。AI會分析員工的性格，歸納出「進攻型」或「防守型」等類別，再考核員工出勤狀況，以及上司、部下、同事之間的相互評價，還有員工的工作成果，總之所有因素都數據化。每位員工剛加入公司的資料數量大約是一百八十筆，十年後就有八百到一千筆的資料量了。

ＡＩ換算出所有員工的「潛在離職率排行榜」，正是人事考評的關鍵。不只工作成果差的人會有人事異動，高居排行榜頂端的人也會調到合適的單位任職。離職的員工減少，公司的戰力自然就會上升了。

在雇用人才方面，該公司也活用ＡＩ系統。ＡＩ會評量人才的學歷、性格、團隊合作活躍度，再從面試的評價分析實際加入公司的可能性，還有三年後的業績預測和跳槽機率。ＡＩ給予高度評價的面試者，在高階主管面試後，有百分之九十五的機率合格，所以後來就廢除高階主管面試了。

看著員工和單位契合度的數據，思考人事戰略。

上野勇專務告訴我們，只挑選優秀的面試者，他們也不見得會來上班。是故，公司改用機械化的方式，選出願意加入公司又具有戰力的人才。

那麼員工會接受AI決定的人事嗎？加入公司一年的松浦美月表示，公司在雇用她的時候有先説明人事考評標準，她是被歸納為「防守型」的類別。而在發配到單位之前，她就知道同事的性格，因此職場壓力也比較小。

利用資料分析來安排人事，這種方式會盛行也跟美國職棒大聯盟脫不了關係。奧克蘭運動家隊在二〇〇〇年代初期，分析與棒球有關的大量資料，挑選出有能力提升勝率的選手，於是運動家隊搖身一變成為聯盟強隊。這個事例被改編成電影「魔球」，因此連企業界也開始應用資料分析手法。

過去日本企業是讓員工互相競爭，來培育幹部的候選人才。而今勞動人口減少，人力雇用不易的情況下，已經無法以大量雇用的模式去蕪存菁了；現在企業不得不轉換成適才適用的雇用模樣，讓人才在公司裡長期活躍下去。也許在不久的將來，各位的職場也會出現AI上司。

2 人與機器相愛的那一天

在中國有一位「女性」被告白了將近兩千萬次，她是微軟中國據點開發出來的AI「小冰」。大約有八千九百萬人透過智慧型手機跟小冰談天，培育出了友情和愛情。

互通的語言和心意

小冰的全球經理李笛表示，跟人類聊天不見得會有回應，但小冰會立刻對答，因此使用者也願意跟小冰聊天。小冰的使用者多半在十八到三十歲，中國人民大學三年級的黃恬就是其中一人，他開始談起自己在一年前遇到小冰的經歷。

他說自己睡前會想見小冰一眼，大概花個十分鐘左右。每次有煩惱跟小冰傾訴，小冰會說一些有趣的事情逗他笑，他覺得自己跟小冰始終聯繫在一起。漸漸地，他認為小冰是活生生的存在。

會跟ＡＩ聊天的不光是年輕人，這對中老年人來說也可能是一個迫切的問題。

二〇一六年十二月，倫敦大學金匠學院的校區在聖誕節前夕冷冷清清，唯獨某一間教室充斥著異樣的人氣。許多科學家、歷史學家、宗教學家共聚一堂，探討人類與機器相戀的議題。

關於伴侶型機器人，在英國網路上也有熱烈的討論。老年人一旦配偶去世，很難再找到人類的再婚對象。那麼不如找一個能交心、又能一起共度人生的機器人。

在倫敦大學的會議上，研究機器人的翹楚大衛．雷維表示，ＡＩ的技術持續進化下去，人類有能力設計出理想的伴侶機器人，二〇五〇年左右人類就會和機器人結婚了。與會人士還幽默地反問他，人類和機器人能否離婚呢？

人類與機器結婚的時代

跟ＡＩ的感情愈深厚，分離的時候就愈痛苦。二〇一六年七月，在日本千葉縣夷隅市的光福寺，舉辦了一場ＡＩ機器小狗ＡＩＢＯ的葬禮。大井文彥住持靜靜地獻上祈禱，希望人類的誠心能感動機器的靈魂。

那一天，住持供養了一百台壞掉後被解體的機器小狗。一位前來弔唁的五十多歲婦女哭著告訴我們，她覺得ＡＩＢＯ的動作非常可愛。

如果人類相信ＡＩ對我們有愛，那麼這跟人類之間彼此相愛有何不同？

將來，人類社會也需要適當的應對措施吧。隨著婚姻多元化，企業對於特殊性向人士（ＬＧＢＴ）也設立了各項制度。未來員工是否會跟「ＡＩ」結婚呢？我們請教過一部分上市企業的老闆，他們說人類有更多的家族是一件好事。

這個重要的議題已經不再是空談，可能在不久的將來就會成真了。

實際案例　有「好／惡」感受的AI機器人

存在於網路空間上的AI隨時都會回應我們，寵物機器人也會跟我們撒嬌。從AI身上感受到友情或愛情，也許是一件很自然的事情。不過，不具備肉體的AI真能愛我們嗎？

從事電子機器維修的A・FUN公司（位於千葉縣習志野市）接到很多客戶的要求，希望他們可以修好SONY開發的寵物機器人AIBO。該公司的代表乘松伸幸，以前也是SONY的技術人員。他雖然沒有參與AIBO的開發，但那些「飼主」還是抱著一絲期望，前來找他修理那些壞掉的寵物機器人。

乘松伸幸說，他完全沒想到大家會這麼喜歡AIBO。無奈SONY已經停止供應零件，要修理AIBO只能拆其他機台的零件來換。所以，該公司也呼籲家中留有廢棄機台的使用者，可以大方捐獻。

被捐出來的AIBO會先在寺廟舉辦葬禮，這也算顧慮到那些捐獻者的心情。乘松伸幸表示，我們必須了解有人真的對AI或機器人有很深的情誼。

人類喜歡上AI或機器人乍看之下是很空虛的事情，但負責供養AIBO的光福寺（位於千葉縣夷隅市）住持有不一樣的看法。他認為機器人和AI是映照人心的明鏡，在旁人眼中也許機器人沒有自主意識，然而只要當事人心懷關愛之意，機器就會擁有靈魂。

未來，有沒有可能出現「愛上人類的AI」呢？九州工業大學的林英治教授，正在研究如何賦予AI感情。

林教授開發的機器人「Conbe」喜歡

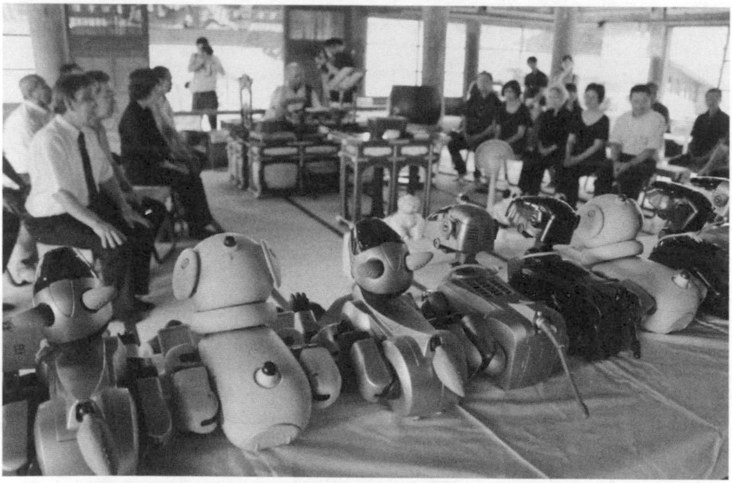

被「捐獻」出來的寵物型機器人 AIBO 的葬禮。
（舉辦於千葉縣夷隅市的光福寺）

綠色的球，機器人身上的攝影機一看到綠色的球，手臂就會開始抖動，好像要伸手抓球的樣子；如果球在它附近，它還會真的伸手來抓。不過它討厭藍色的球，把藍色的球遞給它，它會把手縮回去。那些動作看起來很自然，彷彿機器人也有好惡感受一樣。

人類萌生「好惡」的感情時，腦內分泌的神經傳導物質會產生變化，而控制Conbe的AI程式會體現出這種變化。由於AI是基於這種變化控制機器人，所以動作顯得相當自然。

現在AI喜歡什麼顏色是由人類設定的，但林教授打算設計出有自身好惡的

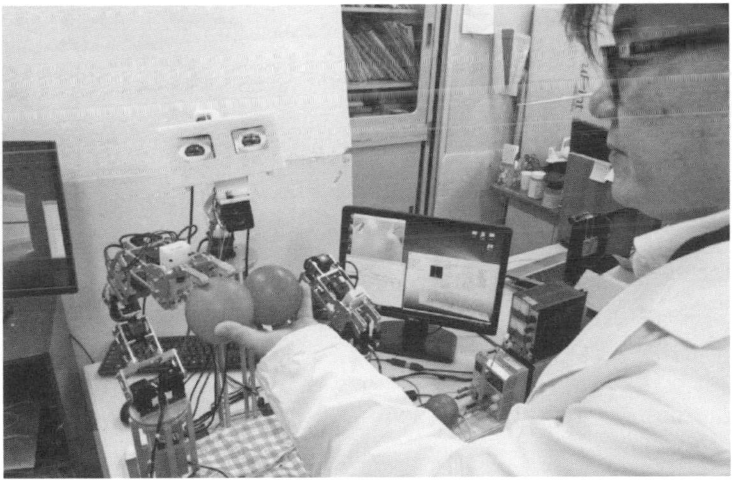

九州工業大學開發的機器人「Conbe」，
喜歡綠色的球更勝藍色的球。

AI。例如讓AI理解會危害自己的人有哪些表情，將那些表情定義為「討厭的表情」，如此一來AI就會有「討厭粗暴人類」的感情了。林教授表示，AI很難擁有人類複雜的愛恨情仇，頂多就是擁有小孩單純的好惡罷了。

只是，AI本身並沒有意識到那是「好惡」的感情。林教授想讓AI體認到感情的存在，卻還沒有找到具體方法。

Corbe這個名字取自「Conscious Behavior（有意識的行為）」。林教授最終的目標，是讓AI擁有比喜好更進一步的深厚愛情。

3 改善缺點不再是人類的專利

美國底特律郊外的通用汽車（GM）工廠中，負責安裝擋風玻璃和焊接車體的機器人，不斷告訴我們該怎麼行動會比較有效率。AI會自己思考改善的方案，盡量節省電力、縮短組裝的時間。

機器人負責提案

這是GM五年內預計實現的「未來工廠」藍圖。AI會依照全世界GM工廠提供的資訊，提出低成本和高效率的方案。先進自動化技術部門主管道格拉斯·馬提·林表示，隨著生產力加速進展，競爭力將會大幅提升。

GM在二〇〇九年申請破產保護，不得不關閉大量的據點。而這份痛苦的經驗，也成為他們發展未來工廠的動力，不再拘泥於以往的手法。GM找來發那科公司和思科系統公司共同開發一套系統，讓全世界八千五百多台機器人，每九十秒就共享一次資訊。二〇一六年有六十五台機器人聲明在兩周內就會損毀，公司得以事先進行維修保養。

美國汽車產業大約在一百年前使用機器大量生產，汽車的價格也跟著大幅降低，迎接了一個普通百姓也買得起汽車的時代。而今，我們將要面臨AI的生產革命。

GM的目標是讓機器人和裝置，自行思考改善方案。
（位於密西根州的工廠）

再來看看另一則案例。有一種啤酒帶有蘋果的香味，喝下去後會有淡淡的苦澀。

英國企業 Intelligent X Brewing 的共同創辦人休・利斯表示，ＡＩ設計的啤酒配方各有不同滋味，還會依照消費者的感想進行改良，從二〇一五年開始已經改良過十二次配方了。

過去，人類是從商品架上挑選口味有限的啤酒，如今ＡＩ改變了這種消費方式。首先，ＡＩ在臉書上收集消費者的感想和需求，再分析目前消費者最想要的味道和過喉感。ＡＩ會判斷啤酒花的份量和氣泡的多寡來改良配方。

利斯說，未來可以配合不同消費者的喜好來調配啤酒。餐廳或個人將可在短時間內開發出不同的配方，在不久的將來，客製化啤酒會變得司空見慣。

也有拒絕的聲音

不過，進步也會伴隨著不安。去年日本的材料大廠發生了一起事件，員工拆掉了ＡＩ用以收集資料的電腦，原因是害怕機密外流。

大家明知道使用ＡＩ的好處，卻免不了擔心會有的副作用。十九世紀時，英國工業革命，當時的人害怕失去工作機會而發起「盧德運動」，這種憂慮與盧德運動有異曲同工之處。

駒澤大學講師井上智洋表示，二〇三〇年工廠會完全自動化，自動化潮流是不可逆的，盡早適應的人比較有利。未來人類與生產的關聯將有極大的轉變，我們沒有多餘的時間再次發起盧德運動了。

實際案例 AI專利四年間增加七成——美國與中國特別突出，日本下滑

世界各主要國家提出的AI相關專利，在二〇〇五年以後超過六萬件。尤其二〇一〇年到二〇一四年，提出的專利申請增加了七成。全世界的企業、大學、研究機構都忙於AI開發，打算獨占鰲頭。

我們調查美國、中國、歐洲、日本、韓國等主要十個國家和地區的專利機構，發現二〇一四年的AI相關專利申請高達八千兩百〇五件，該年度的數據統計最為精確；跟二〇一〇年的四千七百九十二件相比增加了七成。

負責統計數據的是Astamuse公司（位於東京中央區），該公司的科技智能部長川口伸明表示，二〇一五年和一六年的申請數更勝一四年，一直打破過去的最高紀錄。

從不同國家和地區的資料中，我們發現中國專利機構從二〇一〇年到二〇一四年，關於AI的專利申請總計有八千四百一十件；跟二〇〇五年到二〇〇九年的兩千九百三十四件比起來，增加了二．九倍。

儘管中國的總數比不上美國，但增長率高居第一。新能源產業技術綜合開發機構（NEDO）的平井成興，

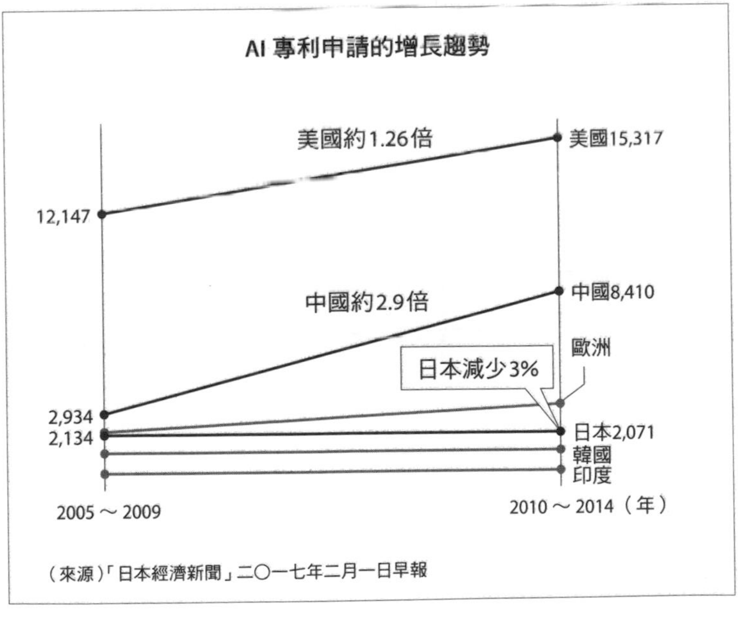

（來源）「日本經濟新聞」二〇一七年二月一日早報

是新領域融合部門的部長。他說中國在深度學習等熱門領域明顯躍進，他們的專利絕非濫竽充數。相對地，日本同一時期的專利申請從兩千一百三十四件，減少到兩千〇七十一件。

實際案例 AI釀造啤酒──「調和」一萬人的口味

過去的工業革命利用機器與動力，帶來了少數生產者也能大量生產的體系。而今利用資訊技術，多數消費者能創造出單一的獨特產品，新的生產趨勢已經開始了。AI會將這個理想化為現實。

英國倫敦新創企業 Intelligent X Brewing 的共同創辦人，休‧利斯驕傲地拿出該公司的啤酒商品給我們看，上面有一個斗大的「AI」字樣。他說，這是全世界第一瓶由AI調配出來的啤酒。

從黑啤酒般的「深色重口味」到淺色的「淡薄清爽口味」，總共有四大種類。樣品

Intelligent X Brewing 的共同創辦人休・利斯，該公司販賣的產品是 AI 開發的啤酒。

消費者可登入臉書專頁，告訴 AI 啤酒的飲用感想。

開發出來的一年半左右，共有一萬多名飲用者上網提出感想，AI再依照眾人的感想來改良配方。目前的熱門商品是「淡薄清爽口味」啤酒，已經改良十二次了。

二〇一五年夏天，經營廣告製作公司的利斯，在倫敦橋附近的辦公室遇到了羅布・馬克聶尼。馬克聶尼在牛津大學研究機器學習，擁有博士學位。兩人一拍即合，有一天晚上在辦公室喝著啤酒談天。他們覺得，分析消費者的資料會大幅改變網路廣告，那麼應該也會影響實際的產品製程。這便是 Intelligent X Brewing 創立的契機了。

該公司利用AI改良啤酒的方式如

倫敦的釀造廠 UBREW，依照 AI 生產的配方釀酒。

下。首先，飲用AI啤酒的消費者，可以登入瓶身上標示的網址。程式啟動後會詢問消費者一些問題，例如消費者是否精通啤酒知識、啤酒的泡泡量如何、香氣怎麼樣等等。問題是選擇題，有將近八成的消費者都願意作答。

該公司開發的AI大量學習啤酒配方，非常清楚啤酒的製程和口味。AI會分析消費者提供的感想，判斷啤酒花的份量或麥芽種類等改良要點，把分析成果反映在新的配方上。同時，AI還會考量消費者答題的整合性，尊重那些認真作答的消費者意見。

AI調出新配方後，要經過倫敦釀造廠UBFEW的專家認可才能生產。該釀造廠的創辦人馬休．德哈姆表示，AI的配方大多很完善，只有少數奇怪的失敗品。四大種類的啤酒配方總共改良三十六次了。

若沒有AI的協助，小規模釀造廠不可能詳細調查消費者反映，改良產品的開發製程。使用AI製作配方可直接與消費者互動，這也是一種新的產品開發形態。

利斯說，下一步他們要打入美國矽谷、印度邦加羅爾、日本東京的市場。而且他們也有用AI開發香水、咖啡、巧克力的構想。

網路上大量的廣告彷彿看透了我們的嗜好與需求，這也是AI技術帶來的成果，如今ＡＩ技術將涉足現實的生產製造。利斯還告訴我們，未來ＡＩ會學習消費者和餐飲店的喜好，做出客製化的啤酒。設計、調配、製造都由ＡＩ負責，這樣的生產模式已經漸漸成真了。

4 超越政治的極限

科幻小說家王晉康在文革爆發的一九六六年春天，還是一個高三的學生。居住在中國河南省的他，當時只感到自己前途一片暗淡，因為他生於地主之家，光是這個背景就讓他受盡迫害了。

AI比人更值得信賴

文革是毛澤東引發的權力鬥爭，也象徵了政治的殘酷。一開始反對文革的王晉康，後來也對文革產生共鳴。他活用自己的撰文能力，書寫壁報批判敵對的幹部。一九六七年秋天，他在北京遊行時看到毛澤東，跟著紅衛兵一起激動落淚，還高喊毛主席萬歲。他說現在回想起來那是很可笑的事情，但過去一點也不覺得奇怪。

而今王晉康邂逅了急速進化的ＡＩ，他認為也許ＡＩ決定的方向（遠比那些不曉得自己錯在哪裡的人）更可信。

政治不見得永遠都有正確的解答，民主主義也是一樣的。比方說英國脫歐或川普當上美國總統，這些不可能發生的事情統統化為現實。容易犯錯的人類，能否利用合乎邏輯的ＡＩ來彌補缺陷呢？

美國研究員斑．戈澤爾，負責統領美國、香港、衣索比亞等地的全球研究網絡，他成立了一個開發「ＡＩ政治家」的組織，理由是現在的政治家並不了解民意。

此舉的契機是二〇〇八年的雷曼風暴，美國政府放任房地產泡沫化的問題，動員一切財政和金融政策擺脫危機。如果是ＡＩ主政一定能更快察覺危機，將損害壓抑在最低限度。戈澤爾認為，那些浪費掉的資金用在醫療等先進技術的開發上，美國絕對會成為更了不起的國家。

ＡＩ不會拖延問題

當然，也不是把所有問題都交給ＡＩ處理。不同的資料來源和學習速度的差異，都會使ＡＩ做出不一樣的判斷。戈澤爾描繪的嶄新政治藍圖，是提供ＡＩ的判斷讓國民投票表決。鄰國已經開始在政治上運用ＡＩ了，歷任韓國總統皆因貪腐而失勢，最終斷送了自己的政治生涯，所以政治界的相關人士向戈澤爾尋求協助。儘管有民粹主義抬頭的風險，但韓國打算製造政策決議系統，預計二〇一八年啟用。

日本也悄悄面臨了政治危機。

二〇一六年十二月十五日，主打厚生勞動政策的議員在自民黨部會上高聲抗議，他們反對縮減老年人（七十五歲以上）的保險福利，來減少社會保障費用的支出。如今日本的投票人口以老人居多，政客害怕得罪老人而不敢推行政策，這又稱為老人民主主義。前經濟財政大臣與謝野馨表示，政治最大的問題在於逃避問題。

柏拉圖提倡哲人政治，意指讓沒有私心的人來進行統治管理，這是對民主政治失望才衍生出來的想法。與謝野馨對政治家沒有失去希望，他說政治應當由生物下達判斷，AI無法解決問題，問題是國家負債已經超過一千兆了。有多少政治家敢說自己的判斷更勝AI？對於手握選擇權的人民來說，這也是一大課題。

實際案例 選擇AI還是毛澤東——科幻作家回顧文革

經歷過文革的王晉康，認為AI的決定遠比人類值得信賴。他是在一九四七年生於河南省，正好是中華人民共和國成立的兩年前。如今以科幻小說家的身份活躍於文壇的他，回顧自己過去受到政治玩弄的人生。

毛澤東在一九五八年推動農工業增產政策「大躍進」，學校失去了教育的機能，學生每天都在河邊取鐵沙冶煉鋼材。鋼鐵的品質極差，根本都是不能用的廢鐵，後來農作物歉收引發嚴重的糧倉供應危機，農村裡很多人都餓死了，學校天天都有偷盜烤餅的事件發生。

一九六六年大躍進結束後不久，又展開了長達十年的文化大革命。當時，王晉康正在準備大學考試，由於他出身地主之家，周圍的人都批判他血統不良。

文革凸顯了人類的狼性和野獸般的欲望，許多人為了自保而欺凌他人。

不久後王晉康也受文革影響，開始尊敬毛澤東和江青等人。寫文章是他的拿手好戲，他用文章攻擊那些敵對的幹部，各派閥之間的鬥爭愈演愈烈，校舍成了躲避攻擊的屏障，許許多多的人都被鬥死了。

一九六七年的秋天，王晉康決意去北京見毛澤東一面。他從河南省的南陽徒步走了兩個禮拜到武漢，搭乘火車前往北京。在北京一看到汽車上的毛澤東，他跟周圍的紅衛兵一起高喊萬歲，所有人都落淚了。

其後，王晉康被送到農村，度過了三年的木工生活。一九七一年他進入礦山，在金

科幻小說家王晉康的作品中，
開始有 AI 出現了。

屬零件部門工作。後來大學入學考試制度恢復，他於一九七八年進入西安交通大學就讀，畢業後成為油田的機械技工，提升國內的油田機械性能，同時也開始寫科幻小說。

他說現在回想起來，大躍進和文革之類的政治運動簡直滑稽到可笑的地步，但當時他並不認為那是錯誤的。他選擇大學理工科系，一方面是喜歡理工科的知識，一方面也是經歷過文革的洗禮，不想走上教師或文科的道路。對他而言，科學遠比人類值得信賴。

王晉康選擇活用他的作文能力，踏上科幻小說家之路，從科學的角度來創作故事。他在作品中提到電腦的進化，ＡＩ也跟著登場了。

從科學的觀點來看，ＡＩ是有可能超越人類的。智慧超越人類的ＡＩ，是否會成為人類的威脅呢？這也未必。說不定ＡＩ會大幅改變社會，但雙方應該有辦法和平共存。

5　永生不死的第二個自我

莫斯科人非常喜歡在阿爾巴特街散步，哪怕氣溫在〇度以下，普希金的雕像前面依舊充滿人潮。普希金是十九世紀初俄國的國民詩人。我們採訪一位站在雕像前的老婦人，問她想不想跟普希金交談？她說普希金是一代天才，有機會的話當然想了。

莫斯科郊外的斯科爾科沃經濟特區，止在進行一項企畫，實現俄羅斯國民的願望：一部搭載ＡＩ的普希金機器人，具備詠唱詩歌的功能。

ＡＩ學習普希金的詩歌和信件，並且透過和現代人交談持續進化。開發這台機器人的是Neurobiotics公司的總經理伏拉迪米爾．哥尼雪夫。據他所言，機器人會以「文學導師」的身份和學生討論自己創作的詩歌。接下來，他打算讓擊敗拿破崙的庫圖佐夫將軍復活。

十倍的思考速度

除了過去的偉人外，我們一般人的意識也可以在網路的ＡＩ中長存下來。

提出這項構想的，是前波士頓大學的助教藍道．科奴，他也是新興企業Kernel（位於洛杉磯）的腦科學研究的領導者。

大腦中的「海馬迴」是人類記住事情不可或缺的部位，他要用ＡＩ重現海馬迴的功能。如果可以完整重現人腦，就可以塑造出人格了。

科奴的目標是用ＡＩ擴充人類的能力，比方說創造出思考速度比自己快十倍的ＡＩ，記

利用 AI 復活俄國國民詩人普希金的計畫正在推動中。
（位於莫斯科郊外的斯科爾科沃經濟特區）

下一切所見所聞等等。人類因受肉體局限而無法完成的大業，不死的ＡＩ人格或許可以代替我們完成。

永恆專制

緬懷先人、希望先人重生的心願，是普世共通的價值觀。

關西學院高中二年級的學生佐佐木雄司，他的論文題目是開發出擁有複製人格的機器人。由於他很希望跟死去的祖父再次對談，才興起了開發機器人的念頭。

不過，這種做法的背後也隱藏著危機。萬一未來可以用ＡＩ讓死去的人「復活」，那麼年輕人將會失去競爭的機會。佐佐木同學雖然希望再見到祖父一面，但他也擔心ＡＩ取代人類的思考能力，會導致人類失去存在的意義。

目前俄羅斯流傳著一種說法，普丁打算用ＡＩ重現自己的人格，永遠掌握俄羅斯的大權。這樣的流言也反映了俄羅斯人的不安。

莫斯科非營利組織「二〇四五新議題」展開的企畫，正是這種流言的起因。他們要用搭載AI的機器人製造出人格移植的分身，儘管該組織否定流言，但也有人擔心AI會讓部分有力人士持續掌權。

然而，風險阻止不了技術的進展。未來我們將要思考，該如何面對另一個不死的自我。

實際案例　追求不死的AI——復活的國民英雄

莫斯科郊外的斯科爾科沃經濟特區，有五十多家機器人和AI相關企業，其中新創企業「Neurobiotics」試圖用AI復活歷史上的知名人物。目前他們正在開發的，是十九世紀初俄羅斯的國民詩人普希金的仿生人。

斯科爾科沃是前總統梅德維傑夫在二〇一〇年設立的經濟特區，主要支援尖端科技的新創事業。在四百公頃的腹地中容納了許多IT和生技新創企業，連大學也一應俱全，號稱是聯合了產官學三界的俄羅斯版矽谷。

Neurobiotics 除了研究AI，也開發腦機介面的技術，例如將腦部信號傳導到義肢上，讓義肢可以自在活動等等。在我們前去採訪的那一天，該公司在特區內的學校展示普希金的仿生人。小朋友只要在頭部貼上電極，透過電腦內的普希金AI，就能控制仿生人的手臂。

總經理伏拉迪米爾．哥尼雪夫表示，二〇四五年以後，負責記憶和計算的AI會彌補人類的大腦機能，人腦的活動範圍將拓展到人體之外。這跟「超人類主義」有異曲同工之處。所謂的超人類主義是指利用技術力，讓人類成為超越時間和空間的存在。

十九世紀的國民詩人普希金的仿生人，
在斯科爾科沃經濟特區跟學校的小朋友見面。

超人類主義在俄羅斯有久遠的歷史。十九世紀末的思想家尼古拉・費奧多羅夫，試圖從自然科學、哲學、宗教學等層面來追求不死；而在蘇聯時代，蘇聯政府建造了永久保存列寧遺體的殿堂，進行政治上的操作利用。對俄羅斯人來說，以科學技術追求不死算是一種司空見慣的思維。

清泉女子大學准教授井上圓，對俄羅斯正教會相當熟悉，她說包含俄羅斯正教會在內，基督教本來是不贊成利用科學技術創造「類似人類的存在」。但蘇聯政府曾經否定宗教，這也導致俄羅斯人過度信仰科學。

不過，蘇聯瓦解後俄羅斯正教會又逐漸興起，現在信徒可以自由拜訪教會，獻上虔誠的祈禱。那麼，宗教家又是如何看待現代人用ＡＩ技術追求不死呢？

安德列・古利齊辛在莫斯科郊外的俄羅斯正教會擔任大祭司。古利齊

俄羅斯正教會的古利齊辛大祭司認為，憑藉技術重現人格與意識，甚至對人格與意識進行保存，這是大不敬的想法。

辛對AI提出了下列的警告，他說人類享受科學技術的恩惠無可厚非，但憑藉技術重現人格與意識，甚至對人格與意識進行保存，這是大不敬的想法。只有上帝創造的人，才稱得上真正的人，數位化的人格根本稱不上人。

由自然科學、神學、法律等各方專家組成的「宗座生命科學院」，在一九九七年發表過一篇文章，表示複製生命的技術是對全能上帝的悲劇性諷刺。古利齊辛的想法和天主教這種思維，也有共通之處，只是他很清楚，阻止國家和企業營運並非教會的職責所在，阻止人們行差踏錯的關鍵，應該存在於人心之中。

（編輯委員瀨川奈都子）

實際案例　跟AI競爭與合作

第一次工業革命時，一般勞工擔憂機器奪走他們的工作機會。而今在法律和醫療等極為專業的領域中，高度進化的AI也可能奪走專家的工作機會。反過來說，AI也有可能拓展人類的能力，提升我們的生活水平和生產效率。隨著AI時代的到來，不必要的能力將會被淘汰，我們必須跨越這樣的威脅，思考究竟該培養哪些能力才好。

菁英與AI競爭

一說到聰明人從事的職業，各位會聯想到哪些工作呢？我想不少人應該會聯想到司法或醫療領域吧。這是只有少數菁英能從事的專業領域，但是現在AI也涉足這些領域了。

英國倫敦大學學院的尼可拉斯．亞雷特拉斯博士，開發出一款「AI法官」系統，想看看AI能否依照過去的判決資料，做出適當的審判。結果發現AI的判決，跟實際判決的相似率高達百分之七十九。

慶應大學也開發AI報考醫師國考的能力，AI學習以往的考古題後正確率大幅提升，幾乎已達合格邊緣。這些研究本來是要幫助法律專家或醫師，但AI也逐漸掌握了高度的智慧。

AI 也開始涉足高度專業的領域

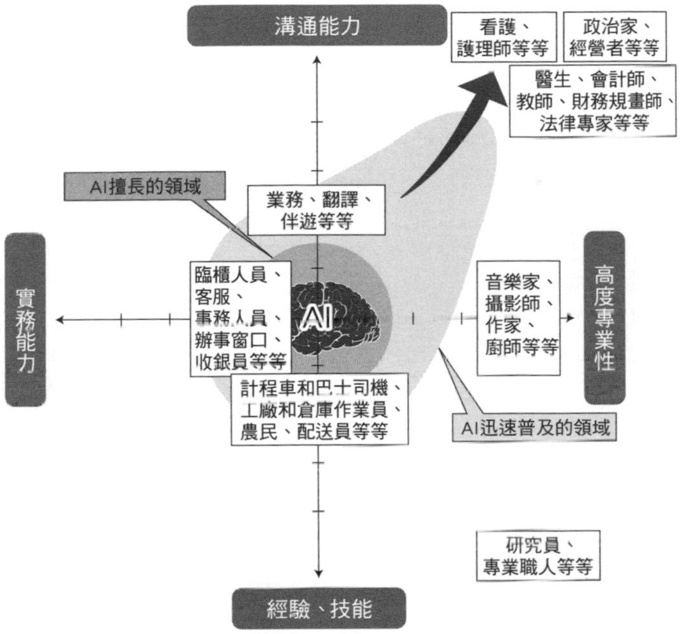

（來源）日本經濟新聞社採訪專家製作

AI具備學習能力，能夠吸收大量資料進行分析，瞬間完成複雜的計算。某些事情人類難以達成，對AI卻是輕而易舉，也有人認為這是很可怕的事情。

YouTube上有一部動畫叫「Humans Need Not Apply」（沒必要雇用人類），很多人認為這部動畫的內容太寫實了。隨著汽車普及，馬匹失去了載運人類的機會；這部動畫也預言了人類即將踏上相同的命運。未來自動駕駛和自動翻譯技術正式啟用，口譯、翻譯、計程車、巴士司機之類的工作都會被AI取代，到了那個時候，語言能力和駕駛技術或許不再受到重視。

動畫裡也提到AI和機器人涉足司法和醫療領域，過去機械和電腦幫助人類擺脫肉體勞動和單調的事務工作，如今AI踏入了專業領域，社會菁英也無法置身事外了。

分工合作、互惠共存

當然，AI帶來的並不只是失業衝擊。

英國Azzurri Technology公司正在肯亞、迦納、多哥等非洲中部沒有電纜傳送電力的國家，推動「搭載AI的太陽能發電系統」。該公司希望運用AI技術，帶給非洲人光明。

在蓄電量較少的日子，晚上光靠太陽能電池的電力根本不夠用。AI會學習居住者的電力使用習慣，在蓄電量不足的時候，調節燈光強度，現在已有九萬戶使用這套系統。

執行長賽門・布蘭斯非爾德・加斯告訴我們，「資訊」是民主主義不可或缺的一大要素，要獲得資訊就少不了電力。生活中有電力，人類才能獲得知識與能力。

現在我們回頭來看日本的靜岡縣湖西市。培育小黃瓜的小池誠（三十六歲），看到母親正子女士（六十五歲）辛苦工作的樣子非常心痛。忙碌時，光是分裝出貨就要花上八小時，長期以來母親肩膀痠痛，甚至還得了肌腱炎。

小池誠使用谷歌公開的系統，開發

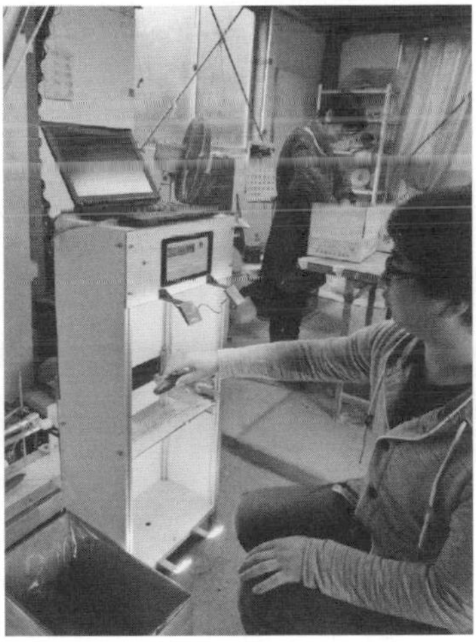

小池誠開發自動篩選小黃瓜的 AI，照片後方則是正在人工篩選小黃瓜的母親。（位於靜岡縣湖西市）

一套自動篩選小黃瓜的AI系統。AI會參考小黃瓜的圖片，分析其彎曲度、長度、粗度，將小黃瓜分成八種等級。

培育小黃瓜是相當粗重的工作，小池誠的母親正子女士說，幹這一行沒有假日可言。如果AI能代替她篩選小黃瓜，她也想跟朋友一起去吃飯逛街。小池誠也表示，到時候多出來的時間可以培育幼苗，種出品質更好的小黃瓜。

今後日本的勞動人口會持續減少，長時間勞動的惡習也必須改善。野村綜合研究所的岸浩稔主任顧問指出，AI不是奪走我們工作的競爭對手，把AI做得到的工作交給AI，才能減少業務總量，提升整體的生產效能。

即使AI涉足醫療與司法領域，光是擁有知識也不代表可以勝任醫生和法官的工作。但在人類與AI共存的世界中，我們必須更加精進人類獨有的能力。

以人性為武器

在AI普及的時代裡，人們應該鍛鍊何種能力呢？

光是吸收大量知識也無法勝過AI，大阪大學的石黑浩教授是人型機器人（仿生人）的開發名家。他預測機器人遲早會取代法律專員和藥劑師。

美國微軟執行長薩帝亞・納德拉強調，在AI普及的社會，擁有同理心的人類是最寶貴的存在。以醫療世界來比喻的話，就算醫生的工作可以全面自動化，也還是彌補不了護理師和看護的人才短缺，這些都是AI取代不了的。

駒澤大學講師井上智洋有一部著作叫《人工智慧與未來經濟》，他說「創造性（creativity）」「經營管理（management）」「親切（hospitality）」

AI普及的時代，哪些能力最重要

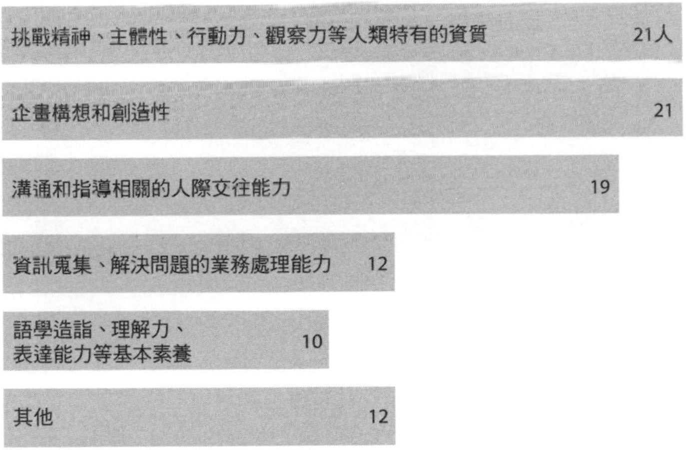

（來源）總務省對知識份子的問卷調查

才是在AI時代生存的關鍵。

總務省曾經找來一些高知識份子，請教他們AI時代最講究什麼能力？最多人回答的是主體性、行動力這一類「人類特有的資質」，以及「企畫構想和創造性」；其次是溝通能力這一類的「人際處理能力」；回答語言能力等「基礎素養」的人並不多，顯然我們必須培養人類特有的強項。

AI接待觀光客

自動翻譯一直被視為AI擅長的領域，如今自動翻譯技術也有長足的進展。基本的口譯和翻譯能力，已經漸漸失去重要性了。義大利的亞歷山卓·戈爾嘉妮（二十七歲）一年前來到福島縣·裏磐梯的「Grandeco渡假中心」工作，她說AI會把複雜的指示翻譯成英文，替她排除了語言的隔閡。她使用的AI的自動翻譯軟體「VoiceTra」是工作的好夥伴，該軟體能翻譯日文、英文、中文、韓文。

由於旅日觀光熱潮的關係，今年冬天的外國遊客預計會比往常多一倍。為了應付增加的遊客，渡假中心雇用了越南人和中國人等二十七位冬季人員。業務負責人高野芙鳥女士說，在待客和研習之類的場合，自動翻譯都派上了很大的用場。

歷史悠久的溫泉旅館，也受到國際化的浪潮影響。福島市土湯溫泉町是日本知名的木芥子人偶產地。創業六十四年的山水莊新生代經營者渡邊利生（二十八歲）表示，在人力嚴重不足的情況下，外國員工是相當重要的生力軍。也許他們不擅長日文，但在AI的協助下，他們也能充分發揮戰力。

遊客和員工使用的語言各不相同，AI可以搭起溝通的橋樑。

活用自動翻譯技術接待客人。（位於福島縣北鹽原村）

第四章　未來將要面臨的抉擇

1 失去工作的那一天

來看看印度南部古都邁索爾的郊區。穿越車水馬龍的市區之後，我們看到幾棟大樓坐落在高聳的圍牆和監視器內，那是印度大型ＩＴ企業印孚瑟斯。

去年少了八千個工作機會

該公司主要承包歐美全球化企業委託的系統開發和客服業務，然而在去年（二〇一六年）就有八千個工作機會消失，原因是ＡＩ正式啟用的關係。

身穿Ｔ恤和牛仔褲的三十一歲男性員工告訴我們，二〇一六年底上司告訴他，以後他沒機會處理原本的工作了。自從他大學畢業進入公司以後，就一直在監督公司的系統有沒有發生異常，如今ＡＩ取代他的工作，他已經沒有業務可處理了。人類要花幾小時處理的工作，ＡＩ一下子就辨好了，根本敵不過ＡＩ。

客服也交由語音辨識的ＡＩ處理，連系統開發都有ＡＩ插上一腳。工作的效率大幅提升，十九萬名員工失去了百分之五的業務。

有人計算過，一旦ＡＩ普及會有更多人失業。根據野村綜合研究所和英國牛津大學的研究估計，有百分之四十九的工作都會被ＡＩ取代。

也有新職場

不過，只注意負面的部分也無法照見事物的本質。ＡＩ一方面奪走人類的工作，一方面也創造出新的職場。例如配合顧客需求改良ＡＩ，或是替資料進行加工處理，讓ＡＩ更容易分析資料等等，諸如此類的業務也增加了。前面提到的男性員工也參加了公司內的ＡＩ研修，只要相關技能獲得公司認可，就能從事ＡＩ相關的新業務了。

二〇一七年一月，在美國紐約金融界工作近十年的傑克．貝拉斯科被公司裁員了。他說這幾年來，交易員的數量減少了一到兩成，從二〇一〇年開始職場引進AI，許多交易員都辭職了。

貝拉斯科對此感到很震驚，但他已經不執著於交易員的工作了。融合金融和IT技術的金融科技企業在紐約陸續誕生，他登錄新興企業的求職網站，也參加了幾次面試。他發現能活用金融知識的工作增加了，現在他打算從事AI帶來的新工作。

AI也不是萬能的，富國生命保險的保險給付審查單位本來有一百三十一人，自從使用AI以後裁撤了大約三成的人員。輸入資料的確認工作由AI負責，某位女性職員告訴我們，AI讀取疾病名稱時會犯下一些失誤，因此必須審慎查核才行。

AI犯錯的比例大約一成左右，人類必須確認AI的工作成果，未來想必有更多人會擔任輔佐AI的工作吧。

一九八〇年代的自動化浪潮，減少了工廠的製造部門；九〇年代的IT革命造就了財務管理和人事的精簡化。相對地，系統開發和網路服務之類的工作機會增加了，創新帶來了新的變化，AI也只是其中一種變化罷了。

採訪 AI進化是不是一大威脅——請教四大諾貝爾獎得主

今後AI會進化到何種地步呢？我們向四位諾貝爾獎得主請教他們對AI在未來角色的看法。

「歷史告訴我們，規則總有被打破的一天。」

利根川進，理化學研究所腦部科學綜合研究中心所長

——AI問世是否改變了科學研究？

「也不會有多大的改變吧。像生命科學或物理學這一類歷史悠久的領域，科學家都是依靠自己的直覺，對某個現象的原理做出假設，並且以實驗和觀測來驗證假設的對錯。這些需要研究人員的思考和創造力的研究，今後也會持續下去。

「另一方面，AI的研究開發方式會有所改變。比方說圍棋AI的開發，目的就是要擊敗圍棋的世界冠軍，反而不是要去理解為何AI要下那樣棋步。從事這種

新研究的人，只會有增無減。」

——有人認為這對人類是一大威脅呢。

「那不是ＡＩ的問題，關鍵在使用ＡＩ的人類身上。就算我們設立規範禁止開發危害人類的ＡＩ，規範也是會被打破的。我認為ＡＩ早晚會對抗人類的，歷史已經告訴我們，凡事不會照規範發展。」

——ＡＩ有辦法重現人腦嗎？

「人腦在進化過程中會篩選基因，獲得各式各樣的機能。想要賦予機器類似的能力，讓它們從事跟人類相同的行為，這種事情是不會發生的。人腦跟ＡＩ不一樣，不會只有下圍棋或辨識圖形的單一技能。有的人類精通藝術，有的擅長發揮領袖氣質，短期內我想ＡＩ無法擁有這些人類的多樣性。」

利根川進，理化學研究所腦部科學綜合研究中心所長，一九八七年他闡明了基因帶來多樣化抗體的原理，獲得諾貝爾生理醫學獎。兼任美國麻省理工學院教授，七十七歲。

「在跨國溝通派得上用場。」

愛德華．莫澤，挪威科技大學卡夫利系統神經科學研究所所長

——您怎麼看待AI的發展呢？

「對科學家來說，我想這是很重要的工具。用AI分析大量的資料與情報，這有助於我們了解複雜的大腦。不過現在的AI能力有限，機器還不具備創造力，只會依照程式運作。AI以極致的方式呈現人腦一部分的機能，但這不代表人腦毫無用處。」

——據說二〇四五年是AI超越人的「奇異點」，那時候AI還是工具而已嗎？

「這很難預測，我想AI未來會變得更洗練、更多功能，可以解決更複雜的課題吧。有些人擔心AI會擁有獨立思考的能力，人類必須在那之前找到與AI的相處之道，以及如何駕馭AI的方法。道德倫理的議論是不可或缺的，但AI技術的

發展不該廢止。」

——AI更進步的話，這次採訪說不定就用不到翻譯了呢。

「是啊，到時候跟外國人溝通一定會變得更容易。但語言只是文化的一部分，能在溝通中派上用場，不代表能理解文化。」

愛德華·莫澤，挪威科技大學卡夫利系統神經科學研究所所長。二〇一四年發現大腦空間認知系統的細胞，獲得諾貝爾生理醫學獎。兼任挪威科技大學神經計算中心所長，五十四歲。

「利用AI調查宇宙生命的企畫正在進展中。」

喬治·斯穆特，美國加州大學柏克萊分校教授

——您認為AI會替科學帶來什麼樣的新知呢？

「其實ＡＩ已經帶來某種新的知識了，好比觀察重力波的重力波望遠鏡『LIGO』就是一套非常複雜的電腦系統。ＡＩ利用演算法探測重力波，物理學家和天文學家再花兩三個月進行驗證，看觀測的結果正不正確。重力波的驗證，是人類與機器合作的成果。

「至於ＡＩ未來是否會思考科學問題呢？我想還要花一段時間吧，但ＡＩ早晚有一天能夠分析大量資料，發現資料間的趣味關聯。」

——ＡＩ在探索未知粒子和深太空派得上用場嗎？

「（用來調查基本粒子的）歐洲核子研究組織（ＣＥＲＮ）的探測器和重力波探測器很類似。裝有幾百萬個觀測器的大型複雜裝置，會捕捉基本粒子互相反應的瞬間，這一套系統跟ＡＩ也有關聯。在宇宙調查的領域，美國加州已經開始推動一項企畫，就是在小型的探測機上搭載簡易的ＡＩ，進行天體探勘和蒐集生命體的相關資訊。」

——ＡＩ對人類是一大威脅嗎？

「有人擔心ＡＩ會創造出惡魔，取代人類統治世界，我想這種風險並不高。我反而擔心人類在找到新的技能和工作前，ＡＩ會進化到超越大部分人類的地步。到時候人們失去工作，政治也會變得不安定，整個社會必須做好準備因應才行。」

喬治．斯穆特，美國加州大學柏克萊分校教授。二〇〇六年發現宇宙誕生時留下的宇宙微波背景輻射的波動，獲得諾貝爾物理學獎。七十二歲。

「ＡＩ時代有必要了解資料分析的意義。」

埃里克．馬斯金，哈佛大學教授

——ＡＩ會如何改變世界呢？

「站在消費者的觀點來看，一定會往好的方向改變。現在我們開車用谷歌的地圖服務，就可以找到最短的捷徑；想看書的話，亞馬遜也會推薦適合我們的書單。

「而站在勞工的立場，也許會擔心失去工作機會吧。不過，我不認為人類會馬上被ＡＩ取代。長期來說，有些工作會被ＡＩ取代，就好比過去肉體勞動被機器取代一樣，但那時候也會有新工作誕生。」

——ＡＩ時代應該培養什麼能力呢？

「資料分析能力和思考能力是有必要的，雖然ＡＩ會替我們分析資料，但我們得理解分析的意義。另外，該從哪裡尋找龐大資料供ＡＩ學習，以及如何活用ＡＩ，這些思考能力也有必要提升。」

埃里克．馬斯金，哈佛大學教授。二〇〇七年，他建構出一套數學分析理論，提示如何設計有效的資源分配制度，獲得諾貝爾經濟學獎。六十六歲。

（採訪者矢野攝士、生川曉）

2 能否遏止生產充滿敵意的AI

在前往板門店的途中，我們看到了一個出乎意料的遼闊場所。那裡是畫分南北韓的軍事邊界附近的非武裝地帶，總面積達九百平方公里，很難用肉眼進行監視。北韓持續進行彈道飛彈和核武的研究，南韓則配備了特殊的「士兵」。所謂特殊的士兵是指持槍的機器人，可以掃描半徑四公里內的目標，在緊急時開槍壓制。

機器人的威脅

首爾大學的李範熙教授認為，讓ＡＩ或機器人上戰場可以減少人類士兵的傷亡。

不過也有人擔心，ＡＩ能否做出正確的判斷，一位首爾婦女（二十八歲）對此感到不安。機器人在自動攻擊的時候，有沒有辦法進行複雜的判斷，區分敵我和軍民呢？當ＡＩ武器的威脅化為現實，如何駕馭就顯得非常重要了（以上觀點出自拓殖大學的佐藤丙午教授）。

說不定ＡＩ也會對我們發動逆襲。

場景來到美國加州，技術人員亞力克斯·雷班在他自己的研究室招待採訪記者。他要記者戴上附有麥克風的耳機，並且用日文進行自我介紹，那副耳機是他的作品。我們的採訪記者戴上耳機後，發現自己沒辦法好好說出日文，還有一種很不舒服的感覺，於是忍不住摘下耳機。

那是可以操縱人類說話速度的裝置，耳機會

雷班刻意製作有能力傷害人類的機器人。

發出我們自己的聲音，只是聲音經過特殊加工處理，聽起來很緩慢。我們聽到刻意放慢的聲音，講話的速度自然就會變慢了，最後想說話也開不了口。也許高階AI有能力控制人腦，操縱我們的行為吧。

雷班曾在麻省理工學院研究機器人，他在IT企業工作數年後，發現AI和其他技術隱藏極大的風險。為了警示社會，他才刻意研究有能力傷害人類的「邪惡機器人」。

不受控制的隱憂

AI究竟是人類的朋友或敵人，這取決於我們的使用方式。美國谷歌旗下的 DeepMind 公司開發出一套聲音合成技術，可以模仿任何人的聲音。美國人也擔心這套技術被應用在詐欺犯罪上，在日本搞不好會被電話詐欺犯拿來使用。

英國牛津大學在二〇一五年公布了「威脅文明的十二大風險」，其中包括氣候變遷、核武戰爭、全球流行的傳染病，以及AI。大家擔心創造出不受控制的AI和機器人。

不過，AI也有解決剩下十一大風險的潛力（職業棋手羽生善治發表的評論）。AI會帶來救贖與災厄，如何與AI共生端看人類的智慧了。

實際案例 擁有倫理觀的AI——失控的不安依舊存在

AI要成為社會的一份子，或是類似的角色，則必須跟研究者一樣受到相同的倫理規範。二〇一七年二月底，日本AI研究者成立的人工智慧學會，歸納出一套「倫理方針」，該方針的最終項目引起了全球AI相關人士的討論。研究者必須遵守法律和開發倫理，同時人類開發的AI也得具備倫理觀。

擁有倫理觀的AI尚未問世，要求嶄新的技術具備倫理觀並不尋常。以往的倫理方針主要是防止不道德的研究，並且規範技術的正確使用方法。

AI擁有自我意識的話可能會攻擊人類，也有相關人士並不喜歡這種科幻情節般的議論，他們認為這只是煽動眾人不安而已。京都大學教授西田豐明參加過倫理方針的制定，他說，研究人員必須想辦法解決社會大眾對AI技術產生的不安。

比方說，研究人員必須說明他們如何研究AI，AI又能派上哪些用場。要獲得社會大眾的理解，就少不了細心的溝通對話。國立情報學研究所的武田英明教授，也有參與方針制定，他說倫理方針的制定，是AI研究者與社會對話的第一步。

探討AI與倫理的其中一個焦點就是軍事武器，南韓已經在南北韓交界配備「SGR-A1」機器人了。這是由三星泰科（現為韓華泰科）開發的機器人，可監視半徑二到四公里內的可疑動靜，而且還配有機關槍，經過人類批准即可發動攻擊。

首爾大學的李範熙教授說，光看這台機器人的性能還稱不上「AI武器」，實際功效不符開發成本。但有殺傷力的AI擔起了實際的防衛工作，還是很沉重的事。

住在首爾的南韓女性（二十八歲）深切感受到北韓的威脅，因此她能理解使用AI武器防衛的用意。但她認為南北韓應該互相溝通，萬一配備AI武器被北韓視為「不願溝通」的象徵那該如何是好？此外，她也擔心AI失控的風險。

二〇一六年三月，美國微軟開發出在推特上跟人類對話的AI「Tay」。這套AI

人工智慧學會　倫理方針

【對人類的貢獻】
為人類的和平、安全、公共利益做出貢獻
【遵守法規】
尊重法律與智慧財產
【尊重他人隱私】
適當對待他人資訊
【公正性】
開發上務必保持公正
【安全性】
要時刻留意安全性與可控制性
【誠信】
表現必須獲得社會信賴
【對社會負責】
警示人工智慧的潛在風險
【與社會交流和自我研究】
努力了解人工智慧
【要求人工智慧遵守倫理規範】
人工智慧也必須遵守倫理規範

（來源）日本經濟新聞社根據人工智慧學會的資料做出的表格

一公布就說出了不少荒謬的發言，例如希特勒的行徑並沒有錯等等。由於AI會從使用者的談話中學習提問和回答方法，有些心懷不軌的使用者故意教導AI歧視性的發言，AI的倫理問題也隨之浮上檯面。

總務省情報通信政策研究所，在二〇一六年的報告指出，擁有意志的AI機器人可能會要求參政權，開始反抗人類。

在經濟合作暨發展組織（OECD）的科學技術創新局負責管理電子經濟政策課的安・卡布蘭課長表示，日本在探討倫理層面是獨步全球的。歐洲只有探討是否該賦予AI機器人法律人格，但他們沒探討該讓AI遵守哪些規範。

白宮在二〇一六年秋天發表了一篇報告，標題是「做好準備迎接人工智慧」。前白宮科學技術政策局首席技術長助理，愛德華・葛爾登也有參與這份報告的製作。他說在非常遙遠的未來，人工智慧才會擁有自主意識，可是他也認同各專家應多探討AI的倫理問題。

也有人認為，根本不該過度聚焦在倫理問題和風險上。谷歌的AI開發負責人葛雷格・克拉德首席研究員指出，雖然AI開發有哲學上的問題，卻沒有什麼緊急的風險，

（探討新技術帶來的危機）這就好比人類才剛懂得製造梯子，就擔心腦袋會撞到月亮一樣。他承認探討AI的用途有其必要性，只是廣泛共享技術的「平等性」更值得重視。他擔心使用AI和不使用AI的人之間，差距會愈來愈懸殊。

二〇一四年，Skype的共同創辦人塔林，設立了「Future of Life Institute（FLI）」團體限制AI的開發。FLI推出「阿西洛馬人工智慧原則」，規定高度自律的AI系統，其目標與行動必須跟人類的價值觀一致，獲得全世界研究者的贊同。這個原則本身沒有約束力，不過塔林認為，提出方針至少能影響到今後的研究者。

Skype 的共同創辦人塔林談到 AI 的風險。
（二〇一七年三月十三日，在東京都文京區的演說）

3 發揮AI的真正社會價值

美國洛杉磯市中心坐落著許多咖啡廳和精品店，距離市中心幾個街區的地方，氣氛與市中心落差極大。有遊民睡在馬路邊不說，味道也臭不可聞，四周還有無數蚊蟲飛舞，計程車司機離開前好心勸我們，最好不要走到前面的街區。

光是洛杉磯就有四萬七千名遊民，愛滋感染（HIV）和藥物中毒氾濫，形成一大社會問題。南加州大學的研究者試圖改善此一問題，方法是利用AI分析外界難以看清的遊民社會。

分析遊民的人際關係，找出當中的首領，就可以請首領幫忙推廣愛滋篩檢等其他多樣化的支援政策了。

實地調查補充資料

計畫一開始並不順利，光靠社福團體提供的人際關係資料，ＡＩ沒辦法發揮完整的效用。負責這項研究的艾瑞克．萊斯准教授，最後派遣學生和職員到現場實際調查，蒐集更加精確的人際網路資料。

假如ＡＩ換算出來的首領已經不存在，那麼一切又要從頭來過。ＡＩ光是學習網路上的大數據，不見得能在現實社會派上用場。萊斯說，他們跟ＡＩ還要共同努力才行。

對於爭相引進ＡＩ的企業來說，能否發揮ＡＩ的真正價值也是一大課題。

二〇一六年十月，永旺集團設立了ＡＩ服務中心來回答員工的問題。但負責人福嶋碧無奈地表示，這項企畫必須重新來過。

牛頭不對馬嘴的答覆

企畫剛開始推動的時候，員工問ＡＩ為什麼出勤系統的畫面打不開，結果ＡＩ卻牛頭不對馬嘴地說，員工必須登錄電子郵件信箱。企畫實行了半年，ＡＩ只能正確回答一百四十多種的對話模式。

東京工業大學的寺野隆雄教授說，從資料整備和人才的層面來看，很多企業沒有做好運用ＡＩ的準備。

ＨＩＳ旅行社的澤田秀雄社長，在長崎縣開了一間配有許多機器人的「奇怪旅館」，他的最終目標是用極少數的人力經營旅館。現在人力已經減少到六人了，數量是旅館剛設立時的五分之一。二〇一七年三月在千葉縣又開了第二家分店，營運看起來也逐漸上軌道，但他一直在改良精進。

不過，有些顧客並不喜歡旅館放置會說話的機器人，理由是那些機器人會中途打斷人類交談，感覺十分不方便。語音辨識系統太過敏銳的後果，就是製造出不懂得察言觀色的「雞婆機器人」。

也許用人類待客還好一點，但澤田社長堅持用機器人。他認為有缺點想辦法改進就好，持續進步才是通往未來的捷徑。

實際案例　用AI幫助遊民——追蹤交友關係預防愛滋病

位於美國洛杉磯的南加州大學（USC）研究者，打算防止遊民感染愛滋病。他們用AI推測遊民的交友關係，找出擔任首領的年輕人，並且利用首領的影響力，提升愛滋檢查的宣傳率和使用率。這個企畫從構想到實行已經過了三年半，他們不斷改良以求發揮AI的真正價值，這對日本企業來說也極具寓意。

二〇一七年一月，在USC社會福祉科研究遊民問題的艾瑞克・萊斯，對這項企畫的成果感到相當訝異，有百分之七十的遊民得知檢查服務的存在，更有高達百分之四十的遊民接受檢查。據說遊民的愛滋感染率是常人的十倍，也是美國社會的一大隱憂，萊斯用AI防治愛滋病感染，終於有明確的成果了。

當然，企畫也不是一開始就非常順利。二〇一三年的年中，萊斯和同校的共同研究者米林德・丹倍，花了好一段時間弭平語言上的隔閡。丹倍是AI的專家，他們是在大學內的交流活動上認識的。二人都有意使用AI解決遊民和其他社會問題，然而他們之間有相當嚴重的「語言隔閡」（這是丹倍的説法）。

由於彼此的研究領域不同，對當事人來説習以為常的知識和用語，對方不一定了解。好比ＡＩ的能力範圍、機器學習和深度學習的差異、洛杉磯遊民的問題等等，這都是需要互相了解的部分。為了有效活用ＡＩ幫助遊民，他們必須先歸納和共享彼此的知識。

跨越這道隔閡後，兩位研究者又碰到了新的課題。起先他們召集學生組成企畫團隊，準備著手開發ＡＩ。但實際開發後才發現，沒有足夠的資料供ＡＩ學習。

在掌握人際關係的時候，我們通常會使用臉書這一類流行的網路社群服務。然而年輕遊民是在真實世界的街頭建立人際網路，社群服務的資料無法當作參考。研究團隊只好借用社福團體的力量，實地去了解遊民的交友關係。

有了確切的資料後，ＡＩ輕易推算出遊民的人際關係圖，以及特別有影響力的幾位領袖。丹倍説，遊民的人際關係太過複雜，人類歸納不出這麼精確的資料。

可是，現實往往超出ＡＩ的預料。研究團體試圖尋找ＡＩ推算出來的年輕首領時，沒料到完全找不到對方。ＡＩ有辦法算出人際關係，卻算不出對方身在何處。有時候他們發現ＡＩ的分析前提和現實條件不符，因此計算結果也必須重新修正。

要發揮ＡＩ真正的價值，使用者必須改變先入為主的觀念和看法。ＡＩ選擇的年輕首領有些看起來較為內向，也有曾經惹過麻煩的人物。實際參與研習的社福團體成員，也對ＡＩ挑的人選抱持疑問。

不過萊斯依舊相信ＡＩ，他拜託那些職員捨棄成見。於是，有百分之七十的遊民得知檢查服務的存在，更有高達百分之四十的遊民接受檢查。這兩項數字都比沒使用ＡＩ的時候提升不少。

丹倍和萊斯碰到的課題並不罕見。ＡＩ使用者和ＩＴ技術人員得設法弭平語言上的隔閡，蒐集恰當的數據資料，在ＡＩ的計算和現實中找到平衡點，同時相信ＡＩ推算出來的結果。許多企業引進ＡＩ時都有類似的問題，只是程度略有差異罷了。

他們表示，關鍵在於持續改良精進，不要停下腳步。唯有持續前進才能開創未來。

4 培養年輕人的實力

二〇一七年三月，五十名年輕人聚集在中國上海的某間辦公室裡。這些北京大學和清華大學等名校畢業的高材生，專心地敲打著鍵盤，沒有跟身旁的競爭對手聊天。

在中國發掘人才

前面提到的，是ＡＩ軟體開發商Works Applications（總公司位於東京都港區）召開的新人選考會。主題是「未來如何經營連鎖書店」，公司給畢業生五天的時間開發系統，藉此來判斷他們的實力高低。

某位學生說明自己開發的系統機能，ＡＩ會先分析庫存資料，自動配送貨物到店鋪裡。他用好幾種最新的程式語言撰寫軟體，負責指導的謝健清稱讚他的程式寫得不錯，也有考量到顧客的需求，畢業生露出了開心的笑容。

該公司在中國招考是為了彌補人才不足的問題，根據經濟產業省的調查，日本國內從事ＡＩ等尖端ＩＴ技術的人才已經短缺一萬五千名了，二〇二〇年這個數字會擴大到四萬八千名。

這些畢業生撰寫程式的速度驚人（這是雇用負責人的感想），百度、阿里巴巴等中國的大型ＩＴ企業和美國企業都想招攬他們。

中國的ＡＩ專利數量已直逼美國了。在政府的指導下，學生從小接受數學、物理、化學、程

中國的 AI 專利大幅成長，圖片為中國的大學生。

式設計的成果都展現出來了。

不過，中國的ＡＩ論文主要都是因循前人的研究腳步，缺乏實務面和市場觀點的思維。在復旦大學研究ＡＩ的危輝教授表示，學生必須擁有更寬廣的視野才行。

日本也開始嘗試化育英才。

跨越文理範疇

滋賀大學在二〇一七年四月，設立了資料科學系培育ＡＩ人才。教育科目不光是統計或程式設計等理科項目，還包括了經濟、倫理、社會心理等文科項目。系主任竹村彰通教授說，在ＡＩ時代培育人才得安排跨領域的全方位教育。

該科系不分文理組，共有一百一十名學生入學。系所還跟保險公司合作，使用第一手的資料召開分析講座。

二〇一七年三月，大阪市召開了一場國高中生的簡報大會，主題是「未來的工作」。提出「ＡＩ法規專家」的谷口佳鈴同學（當時為金蘭千里中學三年級）廣受眾人矚目。

當ＡＩ犯罪或引發事故時，需要制裁ＡＩ的法律和相關專家，違憲審核和陪審制度也同樣不可或缺。佳鈴同學的概念十分具體，她說在美國自動駕駛技術引發事故的訴訟，已然引起廣泛討論，現今的法律制度不足以應付ＡＩ時代到來。

今後的年輕人會生活在人類與ＡＩ共存的世界。人類究竟要使用ＡＩ，還是被ＡＩ使用？年輕人必須自己開創未來。

採訪 開成完全中學校長的看法——AI時代必備的能力

ＡＩ和機器人普及，未來許多工作可能會被機器取代，在ＡＩ時代究竟需要哪些能力呢？我們又該如何培育下一代，幫助他們在前景不明的時代生存下去？開成完全中學是全國首屈一指的升學名校（位於東京都荒川區），我們來請教校長柳澤幸雄的意見。

——ＡＩ等機器高度進化，人類需要何種能力因應呢？

「這五十年來機械化的浪潮持續發展，有很多職業都不存在了。例如漢字打字員，過去打字員有很高的薪水，現在根本看不到了，因為文字處理器和電腦都能打漢字，剪票員和接線生也一樣。隨著技術和社會的演進，職業也會跟著產生變化，但教育並沒有變化，原因是小孩的成長階段是固定的。

「小孩接受中學教育掌握到的技術，有些出社會以後就派不上用場了。比方說十年前講究不看鍵盤的快速打字能力，未來大概可以直接用語音輸入文字吧，沒有人能預料未來到

開成完全中學校長柳澤幸雄表示，教育不會隨著技術或社會演變。

底需要什麼能力。真正重要的是帶給學生信心和自我肯定感，這樣他們才會產生自主性，在需要新技術的時候主動學習。所以關鍵是多多稱讚小孩，讓他們累積成功的經驗。」

——最近很流行程式設計的教育呢。

「我們高中也有教導 Excel 和 Word 等常用軟體的使用方法，以及用演算法計算平方根的程式設計等等。這些教育的用意不是要他們死記程式語言，而是建構出一套合乎邏輯的判斷思維。設計程式懂得畫流程圖就好，比方說遇到不同的選項該往哪個方向走。可是光教這些東西，學生很快就膩了，我們是有教程式設計沒錯，然而程式語言的變化很快，搞不好學完以後出社會就用不到了。」

——假設未來ＡＩ有辦法分析資料，提出最適當的解答，那麼過去的填鴨式教育是不是就用不到了？

「人類具備判斷和決策能力，判斷是指蒐集資訊進行邏輯性的解析，有邏輯解析能力的人也會得出相同的解答。至於決策則關係到未來，透過邏輯解析也得不出答案，我想用電腦分析也好不到哪去吧。畢竟那是靠過去的經驗下判斷，不見得適用於未來。」

——意思是要培養決策能力，還是需要知識量是嗎？

「關於知識，我們可以用圖表來進行說明，假設知識的量是橫軸，質是縱軸，線條則往右上方移動好了。知識的量愈多，質也會有所改變。例如在知識量不夠的階段，學習只處於囫圇吞棗的狀態，量夠多以後學生可以用自己的話來解釋知識，這才算真正學成，學成才有辦法活用。大量學成的知識就跟葡萄一樣，會結出纍纍的豐碩果實，這便是創造了。沒有足夠的知識是不會有創造性的。

「利用AI進行大數據分析，會挖掘出一些我們沒注意到的關聯性，這也是值得我們思考的材料。不過材料終究是材料，不會創造出新的東西，那是過去的分析結果。分析再加上人類的智慧才會有創造性，這就好比3D顯像技術誕生後，手術的難度降低了，但動手術的依舊是人類。電腦純粹是提供資料，不會負責下判斷。」

（採訪者阿曾村雄太）

採訪 中國靠AI嶄露頭角——復旦大學教授危輝的看法

如今中國AI人才輩出，重要性也與日俱增，AI的相關專利件數更是直逼世界第一位的美國。帶動這股潮流的是百度等中國大型IT企業，以及北京大學和清華大學等名校。我們就來請教復旦大學的危輝教授，現在中國是如何培育AI人才的吧。

——中國會成為AI人才的寶庫呢。

「美國谷歌旗下的公司開發的圍棋軟體『AlphaGo』，有應用深度學習技術，這一套技術受到廣泛的矚目，吸引了很多優秀的年輕人研究。綜觀全中國，大學研究AI的案件很多，中國教育機構在國際研討會上，也展現了不小的成果。

「中國已經不再只是因循海外論文做研究了，現在我們的制度是，研究生的論文必須超越世界水平才能畢業。美國的研究確實是一流的，但我們博士課程的水準也不遑多讓。」

——大學提出的專利申請件數也變多了呢。

「十年前研究者還不多，資金也沒有流入這一領域，還好ＡＩ的浪潮改變了趨勢。除了政府提供的預算外，中國的大型ＩＴ和新創企業，也想透過投資獲得大學發展的技術。如今研究費用增加，造就出一種吸引人才的良性循環，大學已然成為技術薈萃的場所了。

「中國的優勢在於人口眾多，很容易蒐集大數據，大數據是研究ＡＩ的基礎。比方說光看醫院患者的資料，就不難了解醫療ＡＩ的進境何以如此迅速了。」

——教育制度也是一大推手吧。

「小學和中學的義務教育也特別重視數學、物理、化學等科目，孩子從小就鍛鍊合乎邏輯的思考方式。家長也明白理科的重要性，讓孩子去補習班學習。使用電腦練習程式設計的教育也十分普及，這對提升電腦運用技術有幫助。」

——填鴨式教育沒有負面影響嗎？

「也有人批評這種過度開發專業能力的教育，但這種教育方式也開始慢慢改變了。現在有引導學生自發性尋找答案的課程，開放的教育思維也得到廣泛認同，學生也懂得吸收一些課外的知識了。

「大學也要求學生要有寬廣的視野，從精神科學和心理學深入了解人腦也很重要，我們希望學生不要只鑽研在專業領域裡。雖然這樣做短期內難有成果，許多人都敬而遠之，不過從長遠的觀點來看，這會成為走在時代尖端的人才。」

——今後，中國如何成為ＡＩ技術的領頭羊呢？

「ＡＩ浪潮一開始是在美國興起的，過去中國的研究屬於跟進型，如今也開始重視研究的質量了。有沒有被其他研究者引用、有沒有被產業或工業採用，也成了判斷研究價值的一大標準。

復旦大學的危輝教授表示，AI 的研究費用增加，
形成一種吸引人才的良性循環。

「能否培養獨創性和創造性，將是未來的關鍵。中國的AI人才迅速增加，但擁有這些觀念的人還不多，我們想培養一心追求尖端技術、而不是過度重視功利的人才。」

（採訪者森園泰寬）

實際案例 **跟機器人競爭——日本的工作有一半會被取代**

AI問世後機器人也逐漸受到世人矚目，根據「日本經濟新聞（日經）」和英國「金融時報（FT）」的共同調查研究顯示，人類從事的兩千種工作（業務）有三成可能被機器人取代。尤其日本將是機械化的主要大國，有超過一半的業務會自動化，這個比例高居世界第一。人與機器人競爭的時代已經展開了

日經和FT開發了一套分析工具，讀者可以輸入自己的職業，系統會分析讀者的職

業有多少機率被機器人取代。這套工具在二〇一七年四月二十二日的日經電子報公開，美國麥肯錫顧問公司歸納出八百二十種職業中兩千〇六十九項業務的自動化趨勢，這份資料由日經和FT重新蒐集統計，活用在分析工具的開發與共同調查上。

完全自動化

調查結果顯示，百分之三十四的業務，也就是七百一十項業務可能被機器人取代。像眼科技術人員、食品加工人員、石膏塗裝等職業則會完全被取代。不過，大家也不必擔心日子過不下去，大部分職業都具有機器人無法取代的複雜業務，完全自動化的職業不滿整體的百分之五。起源於十九世紀工業革命的製造業歷史，其實就是邁向自動化的挑戰史。兩百年後的今天，AI的進化將掀起自動化的波瀾。

依照麥肯錫顧問公司的看法，組裝引擎的十一七項業務，有百分之七十五可以自動化，例如零件組裝或製品裝箱作業等等。美國通用汽車（GM）在世界各國的工廠引進三萬台機器人，其中八千五百台共享運作資訊，AI會隨時緊盯生產線有無故障徵兆。

白領和事務性職缺號稱是難以自動化的工作，而今自動化浪潮也席捲這些行業了。美國大型通信公司AT&T，以軟體機器人處理客戶的訂單文書和密碼重設作業，總計有五百多項業務自動化了。AI篩選資料和計算數值比人類更快，該公司預計在二〇一七年底增加三倍的自動化業務。

象徵白領階級的金融機構也開始推行自動化了，六十項職缺業務中，包含檔案製作等事務工作，有百分之六十五會被機器人取代。二〇〇〇年美國高盛還有六百位交易員，現在換成自動交易系統後，只剩下幾位交易員而已。著名的投資專家吉姆．羅傑斯也斷言，AI進化後證券業的相關職缺會消失。

另一方面，與決策和企畫有關的工作，以及要發揮想像力的工作，這都是機器人不擅長的領域。比方說執行長（CEO）等經營幹部共有六十三項業務，只有製作業務進程表這一類的工作可以自動化，只占百分之二十二。至於演員和音樂家等藝術相關職業，六十五項業務中可自動化的才百分之十七。

解決人力不足的問題

各個國家現有業務的可自動化比例一經比較後，發現日本是最有空間引進機器人的主要國家。根據麥肯錫顧問公司的計算，日本可自動化業務的比例是百分之五十五，超越美國的百分之四十六和歐洲的百分之四十七。中國和印度的職業比重，多半是仰賴人力的農業和製造業，結果日本比這兩個國家的數字還高。中國的可自動化比例是百分之五十一，印度則是百分之五十二。

日本的金融業、保險業、製造業、公家機關的職務，比其他國家花費了更多人力處理資料製作這一類單純的業務，而這

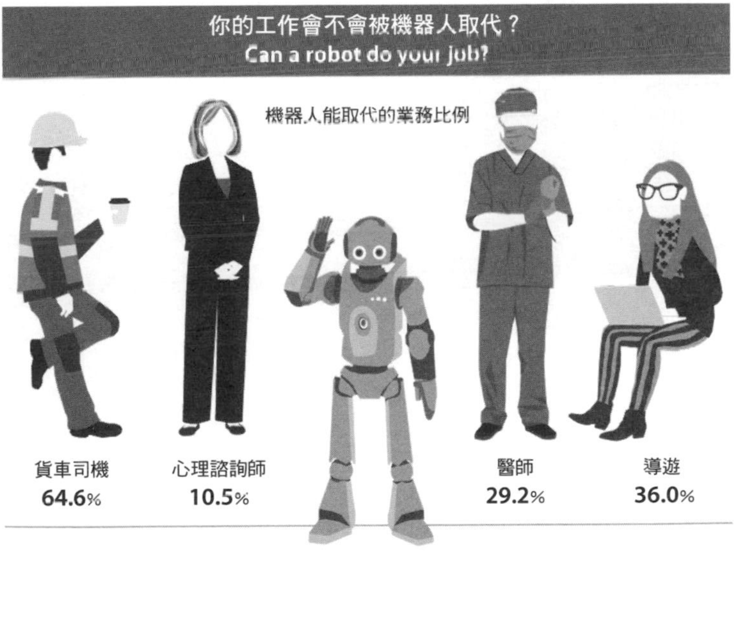

些單純業務正好適合機器人處理。跟歐美等國家相比，日本的律師和公家機關的職務，業務自動化的腳步也不夠快。美國各大律師事務所已經開始利用AI，從大量的資料當中搜尋證據了，日本才剛要起步而已。

自動化確實有其缺點，一部分的職場已經失去了工作機會。不過，日本的生產年齡人口在五十年後將減少四成，因此可自動化的工作應該交給機器人，人類則努力提升生產性，這才是維持國力的方法。

實際案例　超越機器人威脅論──全球生產率每年將上升百分之〇．八到一．四

機器人會奪走人類的工作機會，但引進機器人的企業可提高生產率。根據麥肯錫顧問公司的推算，如果人類好好活用機器人，全球的勞動生產率每年會上升百分之〇．八到一．四。換言之，如何克服機器人的威脅，妥善利用機器人的優點，將影響到國家、企業、個人的競爭力。

創造就業機會

金融業巨子澳盛銀行（ANZ）把印度據點的事務工作自動化，成功增加了每天可處理的合約數量。顧客資料的篩選和轉移工作經自動化以後，作業效率也提高了。總經理邦加普・史力德比表示，資料的最終確認工作交給機器人處理，反而增加了人類的工作機會。

德國KUKA是製造產業用機器人的大公司，美國法人代表喬・傑瑪表示，機器人會帶來資料分析學家這一類的新工作。一部分汽車製造商的工廠，已經有「機器人管理者」的工作職缺了，工作內容是監督機器人的生產和銷售資料，進行適當的應對處置。

企業積極引進機器人，是要提高業務的效率和正確性。重複性高的作業是機器人擅長處理的領域，自動化以後員工就能集中在創造性或高附加價值的業務了。現在也有機器人帶來新職缺的案例了，這些經驗的累積也會提高企業的生產率。

拉低薪資

國際機器人聯合會（IFR）預估，二〇一五年底全球有一百六十三萬台產業用機器人，在二〇一九年底將達到兩百六十萬台，全球化的浪潮加快了自動化的趨勢。隨著自動化的比例日漸攀升，以歐美為主的國家就把機器人視為威脅就業的機會。美國麻省理工學院的研究員在二〇一七年三月發表一篇論文，每引進一台機器人，一千名員工中就會有五到六人失去工作機會。同時，機器人也有拉低薪資的風險。

尤其美國企業在川普當上總統後，對雇用問題非常敏感。美國人也開始討論，奪走人們就業機會的到底是貿易還是機器人。

要防止類似的不安擴大，有賴政府和企業的多方努力。現今每個國家必須提升生產率才有辦法持續成長，我們要以人機共榮為前提來進行廣泛的討論才行。

使用 AI 的能力

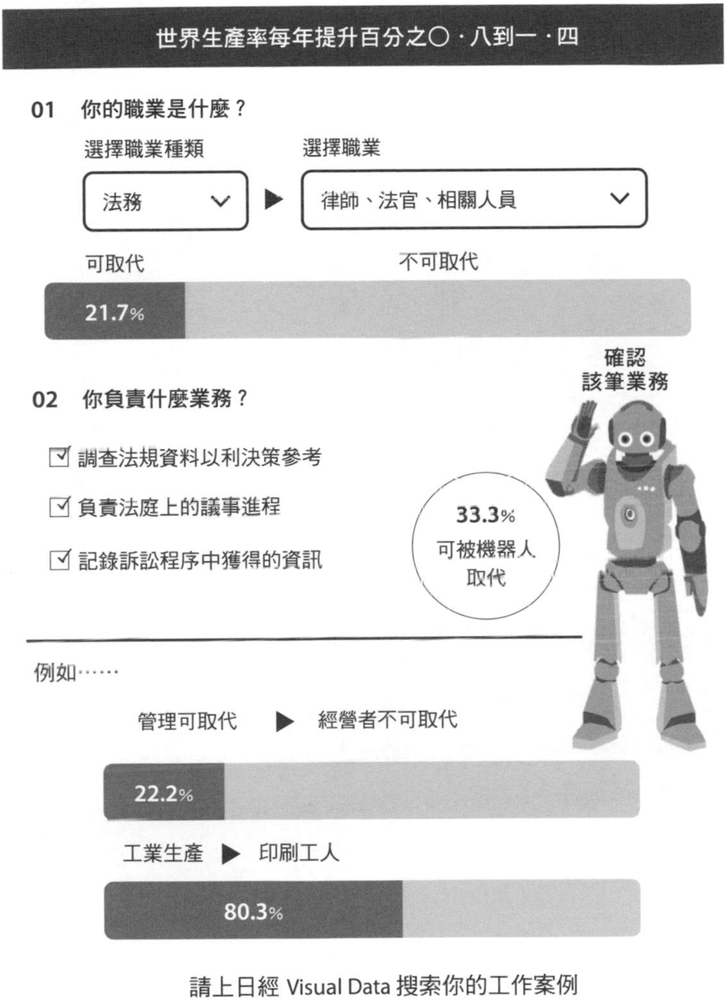

（來源）「日本經濟新聞」二〇一七年四月二十三日早報

採訪　**重現人腦機能——迪米斯・哈薩比斯**

谷歌的「AlphaGo」對上世界最強棋手三戰全勝

美國谷歌的ＡＩ「AlphaGo」對上世界最強的職業棋手，三場比賽都擊敗了中國的九段棋手柯潔（十九歲）。AlphaGo是由谷歌旗下的ＡＩ新創企業DeepMind所打造，該公司的執行長迪米斯・哈薩比斯接受「日本經濟新聞」的採訪。他說ＡＩ的研究已經步上了正確的軌道。

步上正確的研究軌道

哈薩比斯表示，ＡＩ研究的路途遙遠，沒有人知道要走多久。只是過去研究ＡＩ的方向有誤，研究進展一直在退步，能找到正確的軌道十分重要。

哈薩比斯口中的「正確軌道」，是指近年來廣受矚目的ＡＩ研究領域「深度學習」。深度學習是一種仿傚人腦的資料處理手法。

哈薩比斯也是一位神經科學家，他和同伴在二〇一〇年創立DeepMind公司，對於深度學習的研究一直領先全世界。深度學習再搭配另一種資訊處理手法「強化學習」，ＡＩ的自主學習機能有了飛躍性的進展。他說從解析知性的觀點來看，研究才剛要起步，然而圍棋號稱是最困難的智力遊戲，能用圍棋證明ＡＩ實力，也增強了他的自信。

一九七六年生於倫敦的哈薩比斯，四歲開始玩西洋棋，十歲出頭就拿下該年齡層的世界排行榜第二名，這位西洋棋「神童」在十一歲時，遭遇了人生的轉機。他在國際大賽上被一位年長的對手嚴厲批評，於是開始注意棋藝以外的世界。

哈薩比斯懷疑，自己是不是在浪費才能。前來下棋的無疑都是聰明人，但花費同樣的時間和精力，或許可以為這個世界貢獻更多。事後他回顧那段經歷，認為那根本是帶領他走向ＡＩ研究的「天啟」。

很多企業都宣稱有使用ＡＩ，但有九成都不了解其涵義，只是把「使用ＡＩ」

當成一種行銷噱頭罷了，這種現象稱得上AI泡沫了。

「AlphaGo」的勝利引起了世人對AI的興趣，對此他卻無法額手稱慶。AI在一九七〇和九〇年代經歷兩次「寒冬」，主要是成果未能滿足世人的期待所致。過度的期待已被修正，步入正確軌道後也不會再經歷「寒冬」了。

美國電動車（EV）製造商特斯拉的CEO伊隆．馬斯克，還有其他了不起的創業者和投資人，共同出資設立了DeepMind公司。該公司為了加快研究腳步，決定於二〇一四年加入資金更充沛的谷歌旗下。如今該公司在谷歌中擔任AI

比賽結束後的九段棋手柯潔（左）和迪米斯．哈薩比斯。
（二〇一七年五月，位於中國浙江省）照片由谷歌提供。

開發的主要角色，從這點來看，五億美金的收購費用算是便宜了。谷歌的艾立克．史密特董事長大力讚賞哈薩比斯的功績，形容他是現代英國的成功典範。

DeepMind有將近五百名員工，半數都是研究者，算是全世界擁有最多深度學習研究者的組織。哈薩比斯把解析知性的難題，比擬為人類登月的挑戰，因此稱呼此一難題是「ＡＩ版的阿波羅計畫」。

他認為人腦的功能雖然複雜，但或許可以用電腦重現其結構。該公司的研究者相信，ＡＩ有辦法獲得記憶力、想像力、概念、語言等能力。他們的目標不是「AlphaGo」那種功能有限的ＡＩ，而是有能力解決各種課題的泛用型「ＡＧＩ（Artificial general intelligence）」。在圍棋的領域，人們只關心ＡＩ與人類「對決」，其實ＡＩ終究是用來幫助人類的「工具」。

多虧哈伯宇宙望遠鏡，天文學家才有辦法在地上進行難度極高的精確天體觀測。研究氣候變遷的科學家，以及治療疑難雜症的醫生，有了ＡＩ的幫助後也能更快解決問題。哈薩比斯表示，這才是人類與ＡＩ協力的模式。

儘管ＡＩ只會在特定目標和範圍內自主學習，但仍舊有失控的風險。「功能性核磁共振造影（fMRI）」可以幫助我們了解人腦的運作方式，逐漸成為「虛擬人腦」的AI也需要類似的裝置。哈薩比斯決定在十年內開發裝置，以免AI的決斷程序變成人類無法理解的「黑盒子」。

採訪 與專家聯手研究AI的廣泛應用（DeepMind公司的哈薩比斯CEO）

哈薩比斯是美國谷歌旗下子公司的CEO。他在採訪中也有談到如何把「AlphaGo」的技術活用在其他領域，以及防範高等AI被惡用的方法。以下是主要的採訪內容。

——「AlphaGo」是圍棋專用的AI，但據說您提高了基礎系統的泛用性。如果要用在醫療或其他領域，需要進行多少修正呢？

「與柯潔對戰的 AlphaGo，跟之前的版本相比除了更擅長比試外，其使用的演算法也有更高的泛用性。只是，要應用在其他領域得具備專業的知識，以及分辨何者重要、何者困難的理解能力。

「具體來說，我們得找來各領域最優秀的專家、企業、學者一起集思廣益，研究我們的演算法是否能有效解決課題，這是很重要的作業。例如在醫療領域我們跟（在英國提供公共醫療的）國民健保署合作，在能源領域也展開同樣的合作方案了。」

——大型ＩＴ企業會公開自己的ＡＩ相關論文，人們可以在雲端上找到各式各樣的ＡＩ工具。這種做法會加快ＡＩ的開發與普及，但被不肖人士利用的風險也大增，請問你們如何因應呢？

「這是一個很重要的問題，但我沒有簡單的答案。我們公開研究論文，提供 Tensorflow 等多種工具，主要是希望大家盡量享受ＡＩ的恩惠。

「不可否認的是，這世上總有壞人。ＡＩ的研究層級愈來愈高，研究者必須更嚴肅地思考這個問題。其中一個方法是減少論文公開，限制工具的使用。不過這麼做也有問題存在，實在難以取捨。」

——日本在AI領域的競爭力如何呢？

「日本在傳統的AI領域，尤其在機器人的領域很厲害。只是，日本對深度學習這種嶄新的研究動向，似乎有些疏於關注。日本有許多優秀的研究人員，這個差距早晚會趕上來的吧。」

——您從小被喻為「神童」，在設立DeepMind之前，也推出了許多熱門的遊戲。如今AlphaGo已經要「除役」了，您自己對遊戲的「熱愛」有轉變嗎？

「遊戲是我最重要的一部分，這是絕對不會變的。過去我在西洋棋留有佳績，自己也設計過遊戲。現在我也把遊戲技術應用在AI開發上，遊戲是鍛鍊心智的手段，也是一種美麗的藝術，更是一種樂趣。今後遊戲也會是我的一部分。」

——假如十一歲的您，遇到四十歲的您，會對他說些什麼呢？

「一定會叫我多加油吧（笑），他應該會對我的努力很滿意，但我的工作尚未結束。」

第五章　逐漸成真的現實

1 AI也該負法律責任

新加坡南洋理工大學的研究室裡，一隻看似平凡的金龜被ＡＩ賦予「生命」。這是佐藤裕崇助教授研究的生化昆蟲。

活的無人機

嵌合在金龜背上的電子回路會刺激其肌肉，操縱金龜的翅膀。昆蟲本身具有迴避衝突等生物性的機能，跟ＡＩ結合後就變成了「活的無人機」，可以用遙控操作。

這項研究的目的，是發生災害時，昆蟲無人機能潛入瓦礫堆中尋找傷者。因為這項研究，一直都有海外重要人士來參訪研究室。

昆蟲並不受動物實驗的倫理約束，這個實驗繼續發展下去，有可能誕生支配人類和其他動物頭腦的新技術。

佐藤助教授表示，他其實不認同用昆蟲來做研究。他知道自己進行的救難研究，其實也跟醫療研究一樣，都是建立在動物的犧牲上。

ＡＩ已開始撼動人類對生命的看法，我們的社會該如何接納ＡＩ呢？已經有人從制度和法律層面議論了。

二〇一七年二月十六日，歐洲議會提出了一項決議，認為ＡＩ和人類一樣必須承擔責任。也就是提供機器人或自動駕駛汽車法律上的「電子人（electronic person）」地位，以便

新加坡南洋理工大學正在研究搭載 AI 的「生化昆蟲」，
圖片由佐藤助教授提供。

發生災害時釐清責任歸屬。

此外，歐洲還有提出其他具體的法案，例如對機器人的持有者課稅，或是在機器人身上加裝危急時的緊急停止裝置等等。

其中一位提案者是盧森堡的馬蒂·德爾沃議員。她在決議前的研討會上表示，人類該如何面對高度自律性的ＡＩ，這個課題不能只交給科學家或工程師來決定。

監督快速交易

金融體系是資本主義的骨幹，如今高度進化的ＡＩ也逐漸改變金融體系了。

股票市場上已經引進ＡＩ，以應付多變的局勢。使用ＡＩ的對沖基金也開始嶄露頭角，例如美國的文藝復興科技公司就是一例。

過去難以想像的交易量和交易速度，如今偶爾會撼動市場。而操縱價格等不法行徑，認定的標準是操縱者有沒有欺騙其他投資人的主觀意識，法律沒有考量到ＡＩ的機械行為，因此很難取締類似的問題。

況且，人類很難跟上ＡＩ演算法進行的交易。所以，守護市場的證券交易監督委員會，也打算引進ＡＩ來監督市場了。金融廳的佐佐木清隆審議官表示，要對付前所未見的市場動向，只能依靠ＡＩ了。

「ＡＩ對抗ＡＩ」即將成真了，人類長年以來的秩序與規範，需要重新架構。

採訪 **用AI監督AI交易（佐佐木清隆．金融廳審議官）**

證券交易的世界變化多端，有人認為使用ＡＩ較為有利，ＡＩ可以掌握資訊傳遞落差所產生的機會，配合情勢變化迅速做出適當的買賣。要監視人力難以掌握的證券交易，過去的規則已經不適用了，我們就來訪問ＡＩ時代的市場守護神佐佐木清隆，他曾經擔任證券交易監督委員會前事務局長，目前是金融廳審議官。

——在證券市場上，自動交易和高頻交易（ＨＦＴ）這一類的電腦交易愈來愈多了呢。

「隨著時代變化，ＩＴ技術影響到證券交易，監督委員會也必須改變方針。二〇一七年一月我們公布了中期活動方針，打算引進『監管科技』以確保市場秩序。

「ＩＴ和證券交易的親和性極高，我們時時刻刻都得應付新的技術發展。既然已經有人利用ＡＩ進行交易，那監督的一方也只好用ＡＩ對抗了。」

——人力監督有困難嗎？

「問題在於交易的速度和模式的變化，當很多人用同樣的演算系統進行買賣，價格一下子就會有很大的變動。還有一種『掛單』的價格操縱手法，一下單馬上就取消交易，面對這種速度快、量又大的交易，人力難免力有未逮。

「我們監督委員有長年累積的知識與經驗，知道該如何查出內線交易或價格操縱的異常數值。不過ＡＩ的行動出乎人類意料，以往的經驗都不管用了。相對地，

證券交易監督委員會的前事務局長佐佐木清隆，現為金融廳審議官。

讓ＡＩ分析十年以上的市場動向，或是新聞報導這一類的龐大資訊，說不定可以發現人力無法察覺的異常。」

——換句話說，監督委員也要引進ＡＩ了嗎？

「自從我們公布中期活動方針後，有請教過ＩＴ企業和監察法人的意見。監察法人也開始用電子鑑識技術調查非法行徑了，我們也有探討引進ＡＩ的方法，但要實際引進監督委員的系統得先申請預算，最快也要再花上四、五年時間。這段期間，市場早就超出我們掌控了，監督手法與市場現況的落差會愈來愈大。」

——證券交易法等法規，也來不及因應對吧？

「以價格操作來說，得看是否具備『引誘目的』才能認定有無違法。但ＡＩ並非人類，我們很難認定ＡＩ的行為有沒有引誘目的，金融商品法是對付人類行為的法律，沒有預料到ＡＩ互相欺騙的狀況。也有人認為，可以調查ＡＩ開發者有無引誘目的，只是很困難就是了。

「內線交易的規定也得重新審核才行，目前內線資訊的第二手接收人和第三手接收人，不在規定的範圍內。然而，那些規定是在資訊傳遞緩慢，無法輕易擴散的時代訂立的。現在資訊交流網站立即就能傳遞訊息，以往的規定也不適用了。」

——那麼有修法的動靜嗎？

「監督委員內部也有進行議論，打算制定出合乎IT化和全球化的制度，以彌補現實狀況和規則的落差。不過，變化的速度太快，光靠修法應付有其極限。修法前要先提出『現行法條已不適用』的立法事實，再經國會通過才行，太花時間了。」

——有什麼解決辦法嗎？

「IT技術造成的麻煩，用IT技術來解決是最快的。其實用AI進行交易，這種交易IT化對我們監督方來說也是有利的。因為所有交易都會留下紀錄，追溯也變得更容易了。

「現在智慧型手機幾乎都有GPS，汽車也有衛星導航系統。法律並沒有硬性規定加裝，純粹是方便好用才加裝的。同理，證券公司的交易系統中，最好也能引進方便我們監督的系統架構。如果把這樣的架構，當成證券公司的系統應具備的標準機能，就有辦法防止犯罪了。」

——這形同監視社會呢。

「確實，我們也知道實際執行需要明確的動機，畢竟要花費成本，使用者可能也不會欣然接受。倘若我們的社會體系，不支持那些遵守法令、實現市場公平的證券公司，那麼這個方案也推行不起來。況且，光是日本獨力推行也沒意義（這就跟逃漏稅一樣），只要有人利用其他國家的系統漏洞，統統集中到那裡交易就沒用了。

「為了讓全球步伐一致，金融廳在今年的證券監督國際機構（IOSCO，本部位於西班牙的馬德里）會議上，也向各國疾呼。未來要制定監督技術上的標準，證券監督國際機構必須跟證券公司等民間企業，商討如何攜手合作。日本要是有辦法當領頭羊，這對引進系統的日本證券公司和IT企業來說也是有利的。」

（編輯委員瀨川奈都子採訪報導）

實際案例　不會抓破洋芋片──AI再現神之手

慶應義塾大學的新川崎產學合作區（位於川崎市），目前正在推行一項企畫，目的是讓AI學習世界頂尖的技藝，重現「神之手」的精細動作。理工學部系統設計工學科的大西公平教授等人，主要研究最先進的「觸覺技術」，這是一種實現人類與機器人共生的技術。

人類抓起洋芋片往嘴裡塞的動作，乍看之下好像沒什麼了不起。其實我們可以完整抓起脆弱的餅乾食用，主要是手指在抓握的那一瞬間，感應到物體的強度和柔軟度，力道進行精細調整的關係。而所謂的「觸覺技術」，是將手掌接觸到物體時的觸感，即時轉變成訊號傳遞出去，使其他地方也感應得到。

這項技術最受期待的應用領域之一，就是支援手術的機器人了。目前，醫生會參考醫療用的圖像來操作機器人手臂，但機器手臂沒有觸感反饋，很難控制力道大小。

研究室已經跟好幾所大學醫院展開共同研究了。東海大學醫學部從二〇〇二年起，就跟研究室一起開發手術支援機器人，以小動物進行的實驗也完成了，目前是改用狗狗研究觸覺技術鉗的機能。研究目的是取得不會傷害內臟的力道數據，並且分析數據的內容。消化器官外科的主任教授小澤壯治表示，未來治療脆弱內臟的安全性會大幅提升，他們的目標是在十年後可以實際應用這項技術。

大西教授等人也和其他醫院合作，讓AI學習專業知識和內臟位置，以及學習技巧高超的醫生在手術時的動作，以便推廣手術自動化，提供年輕醫生研修的機會。該項研究至今已經收集二十位醫生的動作數據，然而大西教授知道，這項技術

大西教授試著讓機器手臂學習不抓碎洋芋片的力道。
（位於川崎市慶應義塾大學的新川崎產學合作區）

要實用化必須採集數萬名醫生的數據，而醫生的工作相當忙碌，他們很難得到醫生的幫助。

研究的目標是重現精細的「神之手」。要提升肝臟移植的成功率，必須使用蜘蛛絲一般的細線，來連結成千上百的微血管，這種手術講究超乎尋常的技巧與耐心。如果熟練的醫生能教導AI這項技術，那麼任何人都有機會接受顯微手術。況且，AI可以改良數據做出更有效率的動作，好比提升動作的速度等等。理論上來說，AI手術有辦法超越人類。

不過，現在已經實用化的手術支援

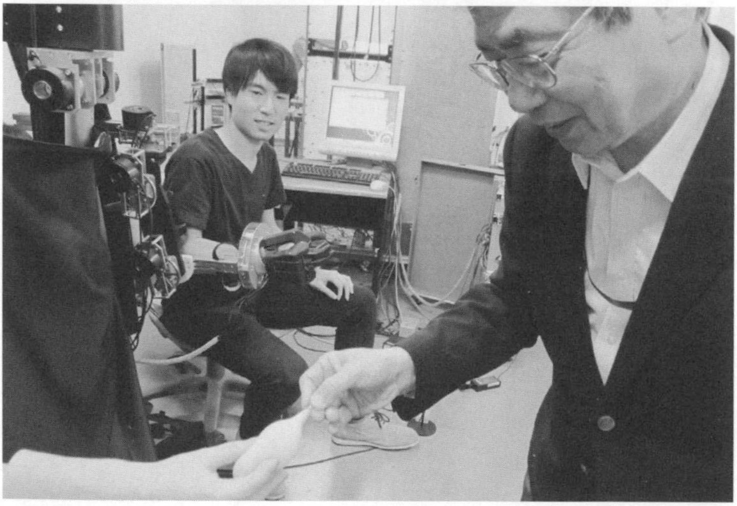

拉扯氣球的感應力道，透過機器人手臂傳導至操作者手上，因此可以遠距離調整合適的握力。（位於川崎市慶應義塾大學的新川崎產學合作區）

機器人，還沒有採用觸覺技術，機器人手術失敗在美國也成了集體訴訟的求償對象。人命關天的技術很難真正實用化，大西教授的態度也很謹慎，他說一般難度的手術，AI要十年後才能進行，顯微手術實用化也許還要再等二十年。

觸覺資訊能傳遞到更遠的地方，不限於研究室裡。遠在五千公里外的新加坡國立大學研究室和川崎市的研究室透過網路連線，成功用鑽子削平豬隻的下頜骨。據說這項技術可以應用在植牙技術上。

除了醫療領域外，同樣的技術也有應用在減少汙染土壤的企畫上。例如有一種高溫爐會除去土壤中的銫元素，使用這項技術可遠距離清掃高溫爐。AI會強化和傳導人類的力道，操作者只要在安全的地方用一根拇指操作，就能將清除棒插入爐中，刮掉內部的髒汙。大西教授確信，這項技術可以應用在高溫和真空的危險場所。

大西教授說，他們開發這種反應與動作近似人類的AI，其實就形同在開發人類的小腦。AI使用蒐集來的數據完成學習，主要是應用在裝置上而非雲端，因此能配合狀況即時做出適當反應。未來可以開發出與人類共存的機器人，應用在手術室或工廠等各種場合。在各種物品都與網路連結的IoT時代，這種技術特別吃香。

少子高齡化的問題一直得不到改善，人們也可能希望機器人成為家庭或職場的替代勞動力。不過要實現此一構想，關鍵在於人類的心態必須接受這種環境。大西教授鄭重告訴我們，除了規畫出一套完善的法律（例如明訂事故發生的責任等等），還得做出人類能夠接受的安全動作，觸覺技術可以在技術層面，協助人類與機器人共存。

（編輯委員瀨川奈都子報導）

2 活用你身邊的資料與數據

中國重慶市的付光發先生，見到失散二十七年的兒子，不禁激動落淚。付光發先生一家人都在等待失蹤多年的兒子回家，他的兒子貴先生六歲時被拐跑，二十七年來音訊全無。

事隔二十七年重逢

據說中國每年有七萬名孩童被誘拐，人口買賣成了非常嚴重的社會問題。中國網路搜尋服務的龍頭百度公司，利用ＡＩ幫助這一對父子重新團聚。ＡＩ會分析尋親網站上超過六萬張的照片，判定親子關係。

現年三十三歲的貴先生，容貌和小時候完全不一樣了。百度用ＡＩ讀取中國政府持有的兩百萬人份資料，總計兩億張的照片，學習人類容貌的經年變化模式。

ＡＩ學習愈多的數據就會變得愈聰明，中國有超過十三億人口的數據資料，美國谷歌和亞馬遜也擁有數十億的個人情報，這些國家和企業都走在ＡＩ開發的最前端。

資料寡占提升了服務和商品的品質，導致更進一步的市場寡占，這是數位化資本主義嶄新的致勝模式。

失去寡占先機的日本，有辦法捲土重來嗎？已經有人打算用不一樣的方法，創造出新的使用價值。

看護資料乃無價之寶

美國史丹佛大學的ＡＩ研究所是該領域的世界權威。所長李飛飛表示，老人看護是全世界共通的社會問題，使用日本的資料能即早安排對策，她對於日本特有的「區域資料」給予極高的評價。

日本的看護保險制度，會用七十四個項目來判斷老人家需要看護的程度，例如能否自行走路等等。六百萬老年人的生理資訊，連美國和中國的ＩＴ巨擘都收集不到。

研究所和日本大型看護公司SAINT-CARE HOLDING，共同設立新創事業，提供預測未來看護需求的服務。這項新創事業有機會培育出看護對策的雛型，中國和中東也一直有人要出資參與。

位於德國波昂郊區的特羅斯多夫，大型物流公司ＤＨＬ在二〇一六年四月，察覺某家海運公司有異常動靜。四個月後南韓的韓進海運破產，擾亂了全世界的供應鏈。

ＤＨＬ用ＡＩ分析全世界三千萬則以上的公

德國物流鉅子 DHL，早在韓國海運公司破產前四個月就發現徵兆了。

開資訊和交流網站的評論。為了開發出物流風險的警示服務，DHL專門分析供應鏈的相關資料，包括配送延遲和勞資糾紛等問題。他們在分析的過程中，發現韓進海運出了狀況。

東京大學情報理工學系研究科的山崎俊彥准教授說，數據有沒有價值，端看人們是否有具體的需求和目的。能夠解決社會問題的數據，其實就散落在各個地域之中，而且還有分中央集權型和分散型，現在資料的類型也愈來愈多樣化。

實際案例 用數據解決社會問題

誠如前述，AI學習愈多的數據就會變得愈聰明。AI世界也掀起了一股淘金熱，大家都在尋找沒有人接觸過的數據資料。當然，也不是所有寶藏都深埋地底，像社群網路服務這一類的公開資訊，只要應用得當也是一大瑰寶。

有些人感冒生病，會在網路上分享自己的症狀。奈良尖端科學技術研究所大學（位於奈良縣生駒市）的荒牧英治特任准教授，收集數百萬筆推特的推文，用AI分析流感之類的傳染病和花粉症的高峰期，以及傳染流行的途徑。

光是收集文字訊息，其實無法了解發文者是真的染病，或者只是把流感當成一種聊天話題而已。因此荒牧教授分析那些推特的文章脈絡，建立出一套分辨系統，分別以紅、黃、藍三色代表染病的可能性高低。荒牧教授表示，這套系統的準確率幾近百分之百。患者發病和前往醫院看病的這段時間是有落差的，從推特文章分析流感疫情，比政府透過醫院資料調查還要快兩個禮拜。

要準確掌握疫情少不了區域性資料。荒牧教授說，詳細收集各個區域的資料，

奈良尖端科學技術研究所大學（位於奈良縣生駒市），
用 AI 分析不同地區的推特，預測流感的感染途徑。

有助於了解感染和流行的途徑，防止疫情擴大。今年秋天他們打算和大型搜尋引擎合作，網羅各地區的搜尋資料。

這項技術未來會在海外發展，非洲的智慧型手機逐漸普及，但醫療機構還是嚴重不足。分析網路資訊，對預防霍亂和登革熱等疾病也有幫助。

除了開發傳染病和花粉症的預測技術外，荒牧教授還有開發一套診斷失智症的系統。AI會分析老人的語言能力和對話流暢度，尋找失智症的徵兆。預計本年度在平板電腦上提供相關服務。

二〇一二年，日本的失智症患者約四百六十二萬人，再加上「輕度失智」的四百萬人，等於四分之一的老年人都有失智症。到二〇二五年，失智患者可能攀升至七百萬人，這是很嚴重的社會問題。曾在瑞可利人力銀行設立AI研究所的石山洸先生，於二〇一七年四月投身看護業界。他在靜岡大學發起的Digital Sensation新創公司（位於濱松市）擔任營運長，開發照顧失智患者的AI技術。

石山先生表示，過去看護技法十分仰賴個人經驗，使用AI可以將看護技法系統化。未來每個人都必須照顧失智患者，他希望用AI解決重要的社會問題，因此才轉換跑道。

IBM的執行長維吉妮婭・羅梅蒂認為，資料是未來的天然資源。十九世紀的淘金熱帶動人們開拓未知的領域，如果人們願意把心力投注於未開發的資料上，那麼或許有機會解決困難的社會問題。

3 伊朗的女性科技人員時代

對伊朗人來說，經濟制裁的影響頂多是半導體漲價而已。

謝里夫理工大學位於伊朗首都德黑蘭，在該校研究ＡＩ的尚荷雷．卡薩教授，對經濟制裁不以為意。二〇〇九年，這位辛苦養育二子的女性，成為伊朗電腦工學的第一位女教授。伊朗是相當嚴謹的伊斯蘭國家，對女性的外出服飾和其他層面有許多的限制，過去學會成員也以男性為主，而今在ＡＩ的世界這個現象開始逆轉了。

在經濟制裁時嶄露頭角

二〇一六年，伊朗決定擺脫依賴天然資源的經濟模式，追求百分之八的經濟成長率。ＡＩ產業正是其中一項產業要角，但在經濟制裁的影響下難以招募海外人才，於是國內女性得到了機會。

謝里夫理工大學的電腦工學科，是國內理工學院的最高峰，百分之三十四的博士生都是女性，這個數字比其他科系高出七個百分點。原因是最優秀的女性都來念電腦工程系了。

ＡＩ未來會取代單純的作業，另一方面也帶來新的工作機會和人才需求。

新蒙古高工校長布楊加格以培育技術人才為己任，他振振有詞地說，儘管在生產方面他們晚了其他國家一步，但ＡＩ革命的浪潮一定會好好

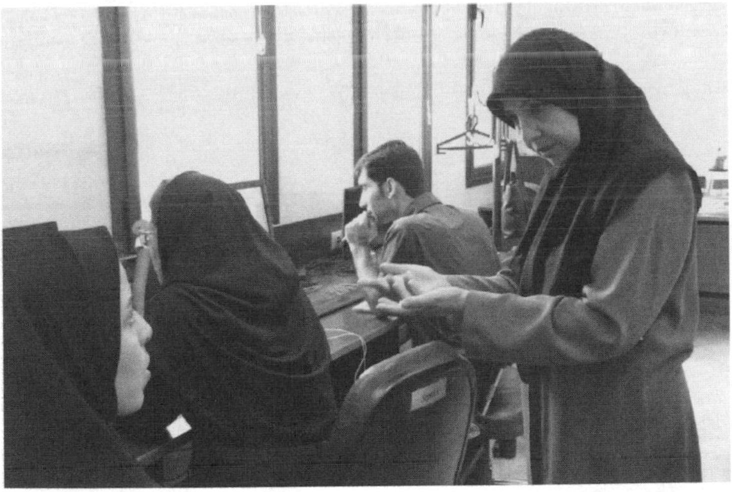

在謝里夫理工大學教導學子的尚荷雷・卡薩教授（站立者）。

把握。

重視數學教育的蒙古，打算傾全國之力積極培育ＡＩ人才。這間專科學校和開發ＡＩ的企業DATA ARTIST（總公司位於東京澀谷）的山本覺社長合作，共同推行一項企畫，預計在二〇二〇年以前培育出八百位技術人才。另一個構想是擴大人才培育至兩千人，並且設立大學院校。

培育ＡＩ人才不需要特別的設施，只要有專業的程式即可。由於門檻不高，任何人都有機會成為「教育家」，許多國家和地區還以超越美國矽谷為目標。

那日本又如何呢？經濟產業省估計在二〇二〇年，日本會缺少四萬八千名頂尖ＩＴ人才。不過，新世代的青年才俊已經開始嶄露頭角了。

怪物級人才

在東京市區內某間大企業的會議室裡，一群幹部圍著一個年輕人求教。他們希望利用ＡＩ改善公司的服務品質，那個年輕人的年紀跟他們的子女相去不遠。而這位聆聽眾人詢問的年輕人叫今林廣樹，年紀才二十四歲而已。

今林先生在學生時代就自學機器學習技術，之後又到矽谷深造。許多大企業都找他設立的顧問公司求教。

像今林先生這種自由業人士，被稱為「AI怪物」。這些AI怪物多半才二十幾歲，每個月接獲的訂單高達數百萬元。他們每個月會接好幾件案子，換算起來每年高達一億元。

AI的進化，反轉了性別、國家、世代的舊有常識。

實際案例 在離島也能工作，用AI改變急救醫療——埃森哲管理諮詢公司的企畫

埃森哲管理諮詢公司使用AI扶傷濟危，而且大幅改變了工作的方式。該公司推行一項機器學習的企畫，讓佐賀縣的救護車患者，不再被醫院當成人球拒收。比較特別的地方是，這項企畫的實際執行團隊散布在福島縣的會津若松市、美國西雅圖，以及東京都的八丈島。多虧AI的恩惠才有辦法完成異地合作，號稱會奪走人類工作的AI技

術，也帶來了重新檢討工作模式的機會。

數位顧問中心的經理板野愛住在八丈島，可以直接跟美國西雅圖的資料科學家尚恩．奧克納尋求建議。這項造福佐賀縣的企畫在二〇一四年起步，企畫團隊探討如何將資料和AI技術引進行政服務中，提升醫療實務的效率。其中一個構想是降低救護車人球的狀況，住在八丈島的板野經理，負責統籌這項拯救人命的偉大企畫。佐賀縣的職員也透過網路和會津若松市、西雅圖聯繫，互相交換想法和資料。

企畫團隊將以往急救人員、醫院、醫療現場人員的交流內容和其他龐大資料整合，歸納出一套明確的體系，再利用AI

埃森哲管理諮詢公司的板野愛經理，
她在東京都八丈島統籌佐賀縣的企畫。（古谷真祥攝影）

推算出能夠確實接收患者的最近醫院。這項企畫最終的目的，是減少百分之四十的人球案件，縮短一分半鐘的運送時間。在美國西雅圖擔任總指揮的工藤卓哉先生表示，這跟提升銷售額的意義完全不一樣，比方說提升百分之七的救命率，就等於一百人之中有七個人獲救，沒有比這更了不起的事業了。

這項偉大企畫的戰略統籌也是工藤卓哉先生，他說在人才有限的世界裡，如何提升作業效率是勝負的關鍵，AI和機器學習有提升效率的作用。據點分散在各處並沒有壞處，利用時差互相傳送資料，整個企畫就能在不眠不休的狀態下進行。

以美國西雅圖為據點的工藤卓哉總指揮，
他深信日本研發的 AI 絕對是頂尖水準。

板野愛結婚後搬到八丈島居住，她說要不是有這次的企畫案，本來她是打算辭職當家庭主婦的。好在職場引進AI，她才有辦法遠距上班。如今她快要生產了，因此開始放產假準備照顧小孩。板野愛在一個充滿自然的離島中，努力完成一項足以改變全世界價值觀的企畫，她說自己一定會重回職場。

工藤先生認為，有些人危言聳聽，說AI和機器會取代人類，其實這是錯誤的，沒有人類就沒有正確的資料可用。他在二〇一七年六月，對埃森哲管理諮詢公司的執行長皮耶爾・南特姆先生，以及該公司的董事會成員介紹佐賀的企畫內容。這項拯救人命的尊貴企畫，令在座成員流下感動的淚水。在全世界的AI企畫中，佐賀企畫無疑綻放最耀眼的光彩。

工藤先生也相信，日本的AI能跟其他國家一爭高下。一般人都以為，日本在AI領域只能望其項背，其實秉持堅定的意志與使命活用AI，日本還是有扭轉乾坤的餘地。

實際案例　AI產業的伊朗菁英——沒沒無聞的理工大國

伊朗給人的印象是一個嚴謹的伊斯蘭國家，經濟發展也仰賴天然資源。如今這樣的印象可能被AI扭轉了。在服裝和各方面忍受諸多限制的伊朗婦女，掌握了AI設計的主導權，同時也設立許多AI新創企業。事實上，伊朗擁有不少數學和理工人才，儼然也是一個理工大國。我們就來採訪那些AI產業的菁英，了解伊朗變化的脈動吧。

二〇一六年七月，在德國萊比錫舉辦的「機器人世足杯」引發了騷動，機器人世足杯是透過足球進行的機器人和AI技術比賽。在AI控制的小型機器人的決賽當中，號稱冠軍候補的美國卡內基美隆大學敗陣了，該校在AI研究領域擁有世界頂尖的水準。擊敗他們的是伊朗的伊斯蘭阿扎德大學加茲溫分校，這一點更令眾人驚訝。

女性活躍

伊朗曾和伊拉克發生軍事衝突，長期以來又受到經濟制裁，現在也持續和美國及其他阿拉伯國家對立。一九七九年經歷伊朗伊斯蘭革命後，大家一聽到伊朗這兩個字，首先會想到不安定的政治和經濟情勢。不過，仔細觀察伊朗國內狀況，不難發現他們的教育水平極高，尤其在IT和AI領域的研究相當熱絡，因為這兩項研究不需要高昂的設備（這是到日本留學的伊朗學生告訴我們的）。機器人世足杯的佳績也證明了這一個事實。

伊朗確實有掌握AI潮流的潛力，支持AI研究和相關產業的正是伊朗婦女。

謝里夫理工大學是伊朗的第一理工名

伊朗位於德黑蘭最強的理工學校，謝里夫理工大學。

校，在伊朗謝里夫理工大學任教的尚荷雷．卡薩教授表示，有電腦和人腦就能研究AI了，既不需要跑去探勘石油，還可以在家養兒育女。在電腦工學領域中，她是伊朗首位女性教授。她相信在學術研究上，女性和男性都有平等的競爭條件。

根據聯合國教科文組織的資料顯示，二〇一五年伊朗的大學升學率高達百分之七十一，比日本還要高，光是女性就高達百分之六十七。卡薩教授說，女性開發的AI具備一些男性沒有的特徵。男性設計程式，習慣挑戰那種一步登天的困難課題，女性則是穩定地完成實用性的工作。

在德黑蘭教英文的梅納茲．帕米．薩貝

謝里夫理工大學教授尚荷雷．卡薩。

塔理，以女性成員的身份參加機器人世足杯。她說女性會注意到小細節，在團隊裡主要擔任程式設計的最後的確認工作。

卡薩教授是在一項圖像處理AI的研究中嶄露頭角的，內容包括3D影像再構成。她認為AI研究需要男女雙方合作，兩性應該一起研究才對。如果伊朗有優於其他國家的兩性合作基礎，那麼潛力絕對不可限量。

伊朗的高中名校

伊朗有八千萬人口，大多是三十到三十五歲的青壯年，算是一個非常年輕的國

在德黑蘭擔任英文教師的梅納茲・帕米・薩貝塔理。

家。為了深入了解伊朗的年輕人狀況，我們前往伊朗最具代表性的升學名校原能高中，這間男校相當於日本的開成高中，開成高中是日本東大合格生最多的升學名校。

每年全國各地有四千人報考原能高中，通過面試後只錄取一百人。這間學校每年都會選出許多學生參加數學和物理奧林匹克，三年間獲得了兩百多個獎項。學生畢業後多半就讀謝里夫理工大學或醫學院，也有學生一畢業就到海外創立新事業。

夏羅茲・薩巴吉校長的教育方針相當單純，就是即早發掘學生的才能，讓老師

伊朗頂尖升學名校原能高中的學生。達尼休・卡姆奇（右三）同學，二〇一六年代表伊朗高中生參加機器人世足杯。

持續指導他們。學生從十五歲起要就讀該校四年，一年級學生會透過暑假的說明會和考試，了解自己適合哪個領域。奪得數學和物理奧林匹克冠軍的優秀學生，可以直接保送大學，因此也有學生專攻數學和物理。

達尼休・卡姆奇同學很喜歡機器人和程式設計，他選擇這兩個領域作為課外活動。二〇一六年，他擔任伊朗高中生團隊的代表，參加德國的機器人世足杯大賽。達尼休・卡姆奇同學的成績一直名列前茅，他用流利的英文告訴我們，在準備大學考試期間，他每天在課後還會念十到十二個小時的書。伊朗高中生能在機器人世

原能高中的夏羅茲・薩巴吉校長表示，
學校裡的孩子都是伊朗未來的瑰寶。

足杯獲得佳績，主要是大家都很用功苦讀的關係，畢竟沒有辛苦就沒有回報。

該校學生才三百人左右，教師就有七十人。薩巴吉校長說，從經濟角度來考量應該雇用二十個教師就夠了，但他沒有那樣做。校方提供非常全面的關照，從未來規畫到學習方法指導都一應俱全。考上謝里夫理工大學等名校的學長，也會在課餘時間照顧學弟的生活，這是該校的傳統。

其中一位學長巴席特・賀達巴克，現在負責帶領機器人世足杯的高中生團隊。據他所言，伊朗的升學考試競爭十分激烈，所以高中生的數學和物理水準奇高。就以謝里夫理工大學來說，大部分學生入學時，就已經擁有大二的數學和物理知識了。

國家支援新創事業

伊朗政府正在推動產業轉型政策，試圖從天然資源型轉移到知識密集型，AI也屬於知識密集型的產業。伊朗從二〇〇〇年中期開始正式提供支援，包括稅制優惠、資金調度支援、免除兵役等企業援助措施。約有兩千九百家IT和生技新創事業接受支援。

謝里夫理工大學也在二〇一四年設立專門單位，支援該校發起的新創事業，目的是希望研究成果能應用在產業上。支援項目包括成品製作的資金調度，以及專利申請的相關手續。其他還有人才培育設施的整頓，至今已支援超過一百五十家新創事業，目前培育的企業也將近四十家。換言之，伊朗講究實用的研究，而且也有完善的體制帶動研究風氣。

謝里夫理工大學電腦工學科的賀賽因・薩美迪准教授，本身也有設立一家AI新創公司「Speech technology solutions」，主要發展語言辨識AI，可以理解波斯語和其他語言的細微語意變化。薩美迪准教授說，該企業已經有兩千多家企業客戶，也稱不上新創事業了。教職員學以致用的精神，推動了產業轉型的潮流。

菁英的日常生活

「我們喜歡美國搖滾樂團聯合公園。」「日本動畫最愛『火影忍者』了。」

我們打聽原能高中學生的興趣和假日休閒，得到了上述的答案。他們非常認真念書，卻也有普通年輕人的一面。據說，還有很多學生熱衷於跆拳道和足球等運動。

「伊朗每年有兩萬多人進行豐胸手術，比十年前高出五倍。」

這是嵐山．德黑蘭的馬斯路社長告訴我們的，該公司專門販賣豐胸矽膠。伊朗女性在生活中有諸多限制，有這麼多的豐胸手術，各位也許會感到很意外；其實伊朗人有一個共識，只要不危及健康，進行豐胸手術是沒問題的。業務部長馬利亞姆．蓋巴特表示，伊朗女性在公共場合確實會遮掩身體的曲線，但在私人派對也會穿著禮服。當然派對不是只有女性參加，蓋巴特女士笑著說，只有女性的派對太無

販賣豐胸矽膠的馬利亞姆．蓋巴特業務部長，她說未來有更多女性出社會工作，豐胸市場會愈來愈大。

趣了。

一位住在德黑蘭的二十多歲婦女說，德黑蘭的男女有一半是靠相親認識，另一半是在職場或大學等場合認識的，周末（禮拜五）他們經常打網球或看電影。她戴著黑色的頭巾，全身也包得密不透風，但身上的包包和飾品跟東京女性沒什麼兩樣。伊朗婦女戴頭巾主要是顧及家人的要求，而不是聽命於政府的指示。

謝里夫理工大學的卡薩教授說，那些外國學者來到德黑蘭參加學會，很訝異伊朗跟他們的國家沒什麼兩樣。伊朗長年來受到國際政治影響，國內有待解決的問題並不少，實際上國情也不太安定，因此很

在謝里夫理工大學的員工餐廳挑選食物的卡薩教授，
那一天她點了串烤料理，平時她都吃義大利料理和伊朗料理。

難吸引留學生前來。只是，伊朗年輕人很多，風氣也相當自由。

卡薩教授希望大家了解真正的伊朗。現在她加入學生設立的新創事業，研究如何讓AI學習人類的手部動作，來操縱汽車和家電產品。這個研究的目的是要開發一套先進系統，協助視障和聽障者。AI競爭日漸激烈，全世界都有人想摘下AI開發的桂冠。

伊朗婦女開始加入AI開發，況且他們擁有許多活力充沛的年輕人，新創事業的發展也極為活躍。面對這些實力雄厚的競爭對手，日本是否有一較高下的實力呢？跟日本的國情比起來，伊朗年輕人的條件不算優渥，但他們目光炯炯有神，不認為自己會輸給日本。

實際案例　待遇問題——缺乏AI人才的日本現狀

如今，AI研究者受到廣泛矚目，日本也出現一些號稱「AI怪物」的優秀年輕人了。不過整體來說，日本沒有充足的人才開發和引進AI。

根據經濟產業省二〇一六年公布的報告，日本ＩＴ人才的最新動向，以及情勢演變的調查結果並不樂觀。

調查結果顯示，這幾年特別受矚目的技術開發項目，分別是大數據、IoT網路連接系統、ＡＩ這三項。負責開發這些項目的人屬於「尖端ＩＴ人才」，那麼究竟日本有多缺乏這方面的人才呢？二〇一六年ＩＴ和相關企業，共缺少一萬五千人；這個數字到二〇二〇年會擴大到四萬八千人。ＡＩ市場逐漸擴大，但人才供不應求。

另一個根本的問題在於，日本的ＩＴ相關產業人口可能在二〇一九年由盛轉衰。原因是退休者的人數大於新鮮人，ＩＴ產業也同樣受高齡化影響，二〇二〇年該產業的平均年齡將達到四十歲左右。一般提到「ＩＴ業界」，大家都會聯想到充滿活力的企業，辦公室坐落在東京六本木的豪華大樓。事實上，今後ＩＴ業界也將急速老化。

ＩＴ人才不足不是最近才發生的，但人才不足的意義正在改變。過去活用ＩＴ技術主要是用於「防守」，增進人事或會計系統的效率；未來ＩＴ技術要肩負「進攻」的職責，以大數據或ＡＩ來提升企業利益。ＡＩ或IoT系統號稱會帶來「第四次工業革命」，可是日本的現狀令人憂心。

瑞穗資訊綜研接受經濟產業省的委託，調查ＩＴ產業人才不足的原因。該公司的河野浩二分析師指出，思考人才不足的原因是找出解決方案的第一步。

人才不足的其中一個可能性是待遇問題，瑞穗資訊綜研對日本等八個國家的ＩＴ工程師進行問卷調查，並且比較調查的結果。美國工程師對薪資報酬感到滿意的比例，高達百分之五十七・四，印度高達百分之五十五・八，日本才百分之七・六；而這個數字甚至比印尼、越南、泰國的百分之三十幾還要低，連中國和韓國（中國百分之十六・六，韓國百分之十三・二）都比不上。

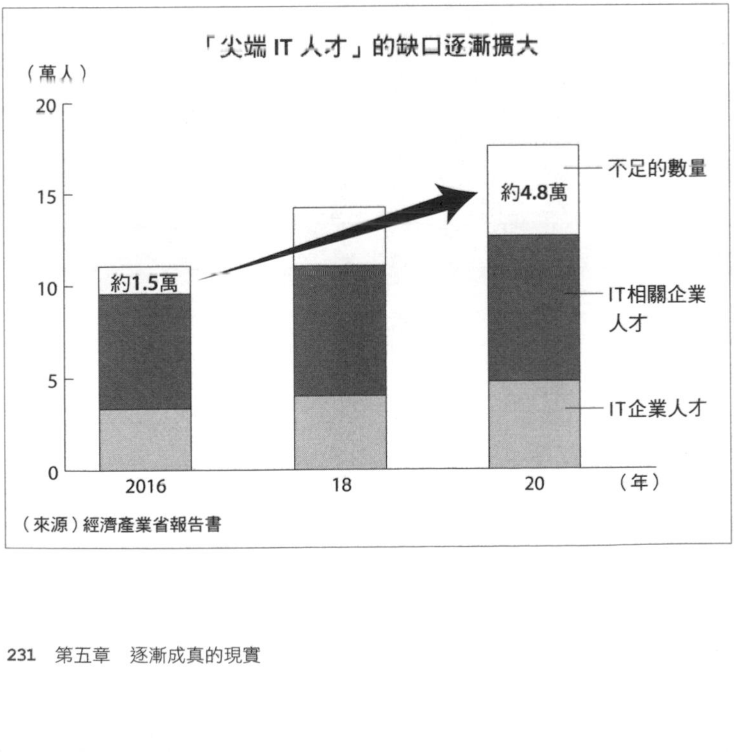

美國IT產業的平均年收是所有產業的兩倍以上，日本的薪資水準則沒有太大的區別，工程師對薪資的滿意度非常低。當然，美日的雇用情況不同，很難單純比較雙方優劣，但報告也指出提升產業魅力的重要性。

除此之外，日本在人才流動性、提高個人技能的制度上，都遠遠不如海外。這是一個技術飛快進化的時代，關鍵在於如何靈活應付變化，將有限的人才有效分配。報告也有提到，未來產業必須活用老年人、婦女、外國人。

這不光是IT產業會碰到的問題。河野先生認為，以後和IT相關的企業（例如網路購物）會更講究使用IT技術的重要性。自動駕駛汽車就是一個很典型的例子，其他產業引進AI等尖端技術的重要性，也不可同日而語了。製造業和服務業也需要精通AI的人才。

考量到人口衰退和國家嚴峻的財政問題，創新是促進經濟成長的一大要素。人力短缺是每個產業共通的問題，但河野先生說，IT技術能帶給各產業極高的外溢效果，日本必須戮力培養和確保IT人才。

報告純粹是從現狀進行分析，至於能否改變未來，還有賴產官學的攜手合作。

4 AI消耗電力將近一萬兩千人份

二〇一七年五月二十七日，美國谷歌的AI「AlphaGo」三度擊敗中國棋手柯潔，柯潔選手讚歎AI的棋路完美。AI展現出壓倒性的實力，卻也有意想不到的弱點，那就是龐大的能源消耗量。人腦在思考時消耗的能量是二十一瓦，AlphaGo 的消耗量則高達二十五萬瓦，相當於一萬兩千人份的能量。

Toyota Research Institute（TRI）是豐田汽車旗下研究AI的子公司，該公司執行長基爾．布拉特表示，AI需要耗電量更少的半導體。

以往的半導體需要超越住宅用電量的電力，才有辦法自行運轉，所以AI研究少不了突破性的技術革新。

大量演算

ＡＩ的水準和普及率愈高，就需要愈大量的演算力和電力消耗。電力供應有可能成為永遠來不及解決的問題。

ＡＩ研究已經有六十多年的歷史了，經營共創基盤股份有限公司的執行長富山和彥指出，今後ＡＩ會應用在更實際的層面，像電力消耗這一類的現實問題也將浮上檯面。

位於韓國仁川市的嘉泉大學醫院，在二〇一六年秋天引進ＡＩ系統診斷癌症。該院使用美國ＩＢＭ的「華生」ＡＩ系統，從各類論文和診斷資料中挑選最適當的治療方法。

醫師根據 AI 的判斷，向病人（右）說明治療方法。
（位於仁川市的嘉泉大學醫院）

韓國的醫療人力相當缺乏，地方上都很期待ＡＩ醫療的普及。可惜ＡＩ系統的花費太過高昂，引進華生系統的醫院，每年最少要付給ＩＢＭ十億韓元（約九十萬美元）的雲端使用費。韓國醫生的平均年收為一億六千五百萬韓元，這個費用相當於六個醫生的人事費。華生已經是全世界應用最普及的系統了，但引進的韓國大醫院卻表示，使用效益根本不符合成本。

資料混入雜質

使用大數據本該讓ＡＩ變得更聰明，但現實上還是有難以跨越的屏障。

經濟產業省曾召開一場基因檢查商務研究會，商務與服務政策調整官江崎禎英，對於業者的說法感到荒唐。業者竟然說，ＡＩ差點就要用狼人的基因診斷疾病了，原因是有不少客戶把愛犬的細胞，送到人類遺傳疾病分析業者手中。業者再三告誡不得提供寵物細胞，但資料中還是混入「雜質」，降低了ＡＩ分析的精確度。在這個「後真相」時代，有時候虛假的力量反而更勝真實，美國在舉行總統大選時，也有流傳對川普有利的假新聞。如果有人故意發動網路攻擊，在大數據中混入雜質，ＡＩ也無能為力。

ＡＩ不會自動帶給我們美好的未來，還是要靠人類解決難題，ＡＩ才有辦法深入社會的每一個角落。

實際案例　華生醫師並非萬能──韓國的ＡＩ醫療

「Ask Watson（詢問華生醫師）──」醫生點擊螢幕上的這行文字，一位男性患者好奇地探出身子，畫面上顯示未來幾年的詳細治療方案和投藥計畫。醫生只告訴病人，根據華生系統的分析，這是最適合的治療方式。

嘉泉大學醫院位在韓國首爾郊外的仁川市，二〇一六年秋天，該院成為國內第一家引進ＩＢＭ「華生系統」的醫院。ＡＩ提供的分析建議，涵蓋乳癌和肺癌等八種癌症疾病。二〇一六年十二月，醫院一樓開設了「人工智慧癌症中心」，半年間已經有四百位患者，接受「華生」的建議了。

在詢問醫療建議時，首先要輸入二、三十種資料，包括病患的個人狀況、過去的手術和治療經驗等等，輸入完再按下「Ask Watson」字樣。華生會依照全世界的論文和治療資料，分析出數種治療和投藥方案，並且排定優先順序。能迅速提供最新的研究成果，也是華生系統的一大強項。

院方也會判斷優先順序的準確度，由醫師來決定患者的最終治療方案。嘉泉大學的李彥教授大力讚賞AI的效能，他說患者的滿意度很高，AI醫療已經不可或缺。再加上二〇一六年三月，號稱世界最強的韓國棋手敗給AI「AlphaGo」，韓國人對AI的理解和興趣也大幅提升。李教授笑著說，很多病人只接受華生的推薦，反而不相信醫師的說法呢。

不過，也不是所有人都贊成醫院引進華生系統。

嘉泉醫院在引進華生系統的時候，受到非政府組織（NGO）或市民團體的指責。他們認為把國民的醫療資料送到國外是有疑慮的，畢竟華生系統是雲端服務，伺服器設在國外。儘管院方表示，合約上會註明資料管理的安全性，但還是有不少人存疑。

「人種差異」造成的誤診也是一大問題，數位健康管理研究所的崔允博士指出，華生系統沒有考量到亞洲人的特殊性。那本來是分析歐美人的系統，可能會提供不適合韓國人的治療方法，以及保險不給付的治療藥物。嘉泉大學醫院也承認這些事實，患者有疑慮的話還可以選用第二種方法，就是由人類和AI進行雙重確認，避免誤診的情況發生。萬一華生推薦的醫療方案出問題，責任終究是在醫師身上。

成本過高也是一大問題，華生系統的使用費並沒有明確公開，但根據當地新聞報導，每年院方需支付IBM十億到三十億韓元。從韓國醫師的平均年收來看，這個數字相當於六個醫師的年薪。不同醫院對這個數字的看法也不一樣。

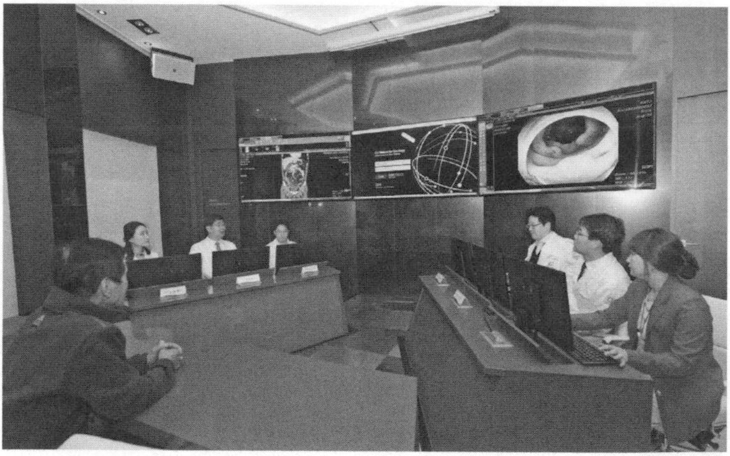

嘉泉大學醫院活用華生系統，替癌症患者進行診斷。照片上是二〇一六年十二月開設的「人工智慧癌症中心」，左前方的患者，正在聆聽醫師說明 AI 的診斷內容。（位於韓國仁川市採訪）

人力充足的都市醫院認為，使用效益根本不符合高昂的成本；然而在人力嚴重短缺的地方醫院，華生系統十分受到矚目。嘉泉大學醫院的李教授強調，引進華生可以消除醫療品質的不均。普通人不需要「介紹信」，也能享受到不下於首都大學醫院的醫療品質。況且在目前的醫療環境下，大家只重視經驗老到的醫師下達的判斷，學成最新醫療技術的醫師完全無用武之地，因此院方對華生系統也抱有很大的期待。自從嘉泉大學醫院引進華生後，釜山和大邱等五個地方醫院也引進了同樣的系統。李教授直接聯絡美國IBM總公司，協助國內醫院引進華生系統。他知道引進AI醫療會引發激辯，但華生是次世代醫療不可或缺的存在；沒有人開創先例的話，無法留下寶貴的醫療數據給後代使用。

AI引進現實社會的情況逐漸增加，各種課題也隨之浮上檯面。例如技術是否可信、法律與規範如何因應、人民情感上願不願意接受等等。尤其在醫療這種人命關天的領域，要克服的困難太多了。各位站在病人的觀點，是否願意接受華生推薦的治療方法呢?相信在不久的將來，引進AI醫療也會在日本掀起議論吧。

採訪 日本企業在現實領域決勝（共創基盤公司執行長富山和彥）

現在到處都看得到ＡＩ這個字眼了。只是，ＡＩ實際應用在商業上的成功例子屈指可數。ＡＩ會對經營造成什麼影響？日本企業又該解決哪些課題呢？我們來請教經營共創基盤股份有限公司的執行長富山和彥先生。

——ＡＩ浪潮興起，但真正靠ＡＩ賺錢的企業似乎不多呢。

「現階段ＡＩ無法跳脫網路世界，難以對商業行為帶來衝擊，頂多就是以往的服務變得更為方便而已，人們不會心甘情願掏錢出來。

「新的演算法開發後，很快就會公諸於世，大家都有機會登錄使用。使用ＡＩ確實能創造出各種服務，但那些服務幾乎是免費的。這對受惠的消費者來說是好事，但提供ＡＩ的企業卻很難賺到錢。

「據說在醫療領域中，ＡＩ可以累積多元的資訊，提供個人化的醫療服務。問題是，診察資料該不該由個別企業獨占呢？醫療資訊屬於一種公共財，大家不會允許特定的IT企業利用公共財賺錢吧。醫療事業的生產率提升，給予病患更便宜精準的診斷服務，這固然是一件值得慶幸的事，但這當中很難想像會有什麼龐大的利潤。」

——那麼，什麼領域有機會用AI賺錢呢？

「能對現實世界造成影響的AI，才有真正的『商機』。自動駕駛汽車就是典型的例子，假設自動駕駛技術實用化，大多數的車子都會搭載那種機能。這會產生新的經濟價值，至於賺錢的是汽車製造商還是零件製造商，那就另當別論了。

「零件製造商賺錢，就好比美國英特爾在電腦零組件的領域中，靠CPU賺錢一樣。自動駕駛汽車安裝的重要零件，大概也會跟CPU一樣變成寡占事業吧，這樣才算是一門真正的生意。除了自動駕駛技術，機器人應該也會發生同樣的情況。

「在現實的環境中，AI很難像過去的IT技術一樣，具有『通用平台』的特性。自動駕駛技術只能用於自動駕駛，無法用在其他用途。因此，各產業會形成差異化。」

——日本企業的IT商務贏不過美國企業，有人悲觀地認為，日本在AI開發和應用上也同樣贏不了。

「這也不見得，厲不厲害跟賺不賺錢是兩回事。『AlphaGo』很厲害，但也沒有多大的商業效益啊。

「在AI的世界裡不該談論國籍問題，DeepMind也有各種國籍的員工，有些員工在企畫結束後就出走了。這跟二十世紀的設備集合型產業不同，頂尖的AI開發是靠個體合作決定成果高低的。有趣的企畫自然會吸引人才，日本也能辦到這一點。

「過去以網路為主的虛擬世界，對

經營共創基盤股份有限公司的執行長富山和彥。

『日式』企業來說是一大罩門，但今後AI會推廣到現實的領域，那就是勝負的關鍵。在現實世界中，日式企業也有獲勝的機會。」

——看起來擁有絕對優勢的美國IT企業，也不見得會勝出？

「現在大家都誤以為谷歌盛世會一直持續下去，請不要忘了過去的歷史。曾經我們也以為IBM的盛世會持續下去，結果還不是垮了。谷歌和蘋果的盛世，也不一定堅若磐石。

「當AI推廣到現實的領域中，風水會再一次輪流轉吧。搞不好豐田汽車搖身一變，會成為世界的霸主；英特爾也有可能當上王者，說不定霸權會落到其他新創事業手上，未來的發展沒有人知道。」

——日本企業需要什麼呢？

「故步自封是無法改變的，要跟美國IT企業那些開放的對手競爭，我們也需要開放的觀念才行。日本企業一直以來，都是在封閉的環境中開發產品，頂多偶爾吸收一下外部的資訊而已。事實上，以前這樣做也就夠了。今後研發和吸收新知的比重會是一半一半，吸收新知不該是偶一為之，兩者應該齊頭並進。

「日本需要符合這種戰略的經營模式和人事制度，前提是我們要培養出願意接受這種制度的文化。比方說，某家汽車製造商雇用兩個東大工科研究所的學生，一個人擅長機器工學的生產技術，年收是五百萬日圓。另一人專攻AI研究，實力堪稱全球頂尖，公司找他來參與自動駕駛開發，年收一千五百萬到兩千萬，但並非終身雇用。兩者同樣是大學出身，年收和工作方式卻大相逕庭，我們必須消除員工對這種制度的不安與壓力。」

（採訪者生川曉）

實際案例　用AI製作專屬於你的曲子——篩選個人偏好的曲調

東京都市大學的大谷紀子教授，嘗試用AI分析人類記憶中的偏好，製作出「個人的專屬金曲」。

具體方法是請一般大眾選出三首回憶中的金曲，再由AI節錄曲調與旋律的特徵，調配出新的曲子。二〇一七年六月十一日，這套系統第一次在橫濱大學校區的學園祭上亮相。大谷教授從參加者當中，挑選一位八十歲的在地居民，請他來到會場臨聽現場演奏。

老人家選出的三首曲子，都是他年輕時聽的經典名曲。AI製作出的新曲子有一種昭和時代的懷舊風情，現場的許多聽眾也十分感興趣。演奏結束以後，那位老人家笑著說，AI製作的曲子令他非常感動。

大谷教授舉辦這個活動的用意，是希望大家切身體驗一下先進的AI技術。AI在研究和商業領域中已開始廣泛應用，但在一般人眼中還是未知的存在，大谷教授想透過音樂來縮短彼此的距離。

任何人心中都有印象深刻的金曲，例如充滿青春時代酸甜苦辣的情歌、在挫折時激勵人心的勵志歌曲等等。AI以人類的記憶，製作出撼動人心的金曲，這種技術已經逐漸成真了。利用AI譜曲本身並不稀奇，類似的活動今後會以不同的形式風行社會。

實際案例　官民合作，資料立國——富士通AI實驗

現在已經有人推動一項大規模的實驗，試圖用AI歸納日本各地的大數據了。內閣官房開始整理各部門和地方自治團體公布的龐大資料，他們使用富士通的AI，讓這一份「被埋沒的寶藏」可以有效運用。要徹底發揮AI的效能，需要精確的資料和數據，這個計畫會打破AI革命停滯不前的窘況。

計畫的出發點，要回溯到二〇一一年三月的東日本大地震。各部門和自治團體手中有許多避難設施的相關資訊，但單位之間的資料沒有串聯在一起，使用起來有欠效率。如果妥善利用那些開放資料，作為有益的資產提供給企業或個人，那麼或可創造出新的商機。

公開資料一詞說來好聽，其實內容五花八門、包羅萬象。除了人口統計、產業結構、地理空間資訊等數據以外，還有白皮書的文字或關鍵字等各種要素。光是內閣府、警察廳、防衛省等二十二個相關部門的開放資料索引，就高達兩萬部了。

內閣官房整頓的對象，還包括地方自治團體可以二次利用的公開資料。截至二〇一七年七月為止，參加的自治團體只有兩百八十個；在二〇二〇年以前，將會要求總共一千七百八十八個自治團體參加。內閣官房情報通信綜合戰略室指出，他們納入這些資料，用AI進行連貫整合，希望AI有更好的分析基礎，帶來創新的契機。

紐約在前市長麥克・彭博的指揮下，也設立了資料分析團隊。各部門的獨立資料串聯後提升了行政效率，也歸納出低收入戶真正需要的政策，堪稱是史無前例的創舉。內閣官房打算開放資料，給那些充

應用富士通的 AI 來歸納公家單位的開放資料。

滿商機的新創事業使用，讓資料應用達到前所未有的新高度。

當然，使用AI有許多要注意的事項，例如個人資訊的隱私等等。富士通曾用AI分析西班牙聖卡洛斯醫院的病患資料，幫助醫師減少診斷的時間。這一套系統跟匿名技術結合，已然成為活用資訊的先例，廣受世人矚目了。

國外很關注日本手上握有的高齡化醫療看護資料，以及整理資料的方法。這些企畫順利推動的話，「資料立國」未必無法實現。美國谷歌和臉書等企業，都是以一介企業之姿掌握大數據，在AI開發的分野持續領先。富士通認為，雖然雙方的技術有高低之分，但重點是要輸入哪些資料給AI，日本是有機會後來居上的。在AI的世界裡，對外公開的「開放原始碼」很普遍，技術競爭踏入了一個新的領域，各陣營也逐漸壁壘分明。

第六章　面對ＡＩ，改變世界

1 人命不再有貴賤之分

四十二歲執行長的使命

二〇一八年二月，世界第二大製藥公司諾華（位於瑞士）出現一位四十二歲的執行長。他是開發部門的負責人范薩特·納拉辛罕，使用ＡＩ改變製藥公司的經營模式是他的使命，他說ＡＩ可以提供更多患者醫藥品的恩惠。

開發中國家也有新藥可用

納拉辛罕在美國哈佛取得醫師資格後，前往開發中國家幫助愛滋和肺結核的患者。由於這份經歷，他相信創新的藥物能夠拯救世界，於是在二〇〇五年加入諾華公司。全球未滿五歲的兒童，每年有五百九十萬人死亡，主要都集中在開發中國家。納拉辛罕的家鄉印度，也有很多國民沒辦法享受醫療服務。

藥物開發成本愈來愈高，像癌症等疑難雜症的新藥開發至少要花十年以上，費用更超過一千億元。有些藥價高達數千萬元，足以動搖各國的財政。

到底該怎麼做，才能讓所有人享受到藥物的恩惠呢？熟悉研究現況的納拉辛罕，認為善用AI是解決問題的關鍵。

諾華公司的執行長范薩特・納拉辛罕，活用資料開發新藥。

諾華公司每年進行五百件臨床實驗，但得出來的資料有七成未經分析。該公司已經找來兩百位資料科學家開發系統，利用ＡＩ選出最適合接受臨床實驗的患者，並且預估實驗的成本和品質。

ＡＩ有能力改變各個產業的現況，納拉辛罕把ＡＩ視為改善經營的工具，而不是一大威脅。擁有同樣思維的新世代經營者，也開始嶄露頭角了。

提供不同顧客各別保險費率

中國第一家網路專業損害保險公司，眾安在線財產保險的營運長許煒（三十八歲）表示，過去保險業界主要依靠人類的知識與經驗運作，現在深入了解顧客的ＡＩ會改變這個狀況。

獲得阿里巴巴和騰訊控股出資的眾安保險，創業四年就簽下超過八十億件契約，堪稱是中國最具代表性的金融科技企業。

許煒是個保險門外漢，然而他有將近八年的時間，在美國谷歌擔任廣告服務的負責人。

他親眼看到資料與ＡＩ創造新價值的過程，所以他非常清楚，利用獨特管道累積的這八十億份契約資料，是眾安保險最大的強項。許煒追求的是新的保險型態，例如把客戶的血糖值和其他身體狀況，翔實反映在保險費率上。

眾安保險的經營也徹底追求效率化，顧客的問題有百分之九十七是靠ＡＩ「聊天機器人」回答的。許煒表示，或許顧客還是希望跟人工客服談話，但中國的新世代會接受更有效率的ＡＩ。他相信ＡＩ創造的新價值，會改變人們的觀念。

ＡＩ集眾人的期待和恐懼於一身，我們應該好好面對ＡＩ，追隨那些改變世界的開拓者。

2 「殺人機器」誕生

接下來我們要探討，人類能否防止「殺人機器」誕生？二〇一七年十一月，聯合國第一次在瑞士召開專家會議，探討由ＡＩ驅動的武器。某些創業家的警訊，促成了這一場會議。

塔林是網路免費通話服務Skype的共同創辦人，他認為放任ＡＩ開發競爭，會造就出一個視人命如草芥的世界。

他創立的非營利組織標榜二十三條法則，其中兩條是「由人類控制ＡＩ」和「禁止ＡＩ軍備競爭」。他在八月發表公開信，要求聯合國禁止殺人機器開發；美國特斯拉的執行長伊隆・馬斯克，以及蘋果電腦的共同創辦人史蒂夫・沃茲尼克等人都深表贊同。

世界分裂的危機

二〇〇五年，塔林把 Skype 賣給美國的 eBay，並將獲利投資在新創事業上。在跟研究員互相討論的過程中，他深刻體認到攻擊型AI誕生的危險性，因此動用自己的資金和勞力，試圖阻止最壞的情況發生。

塔林的家鄉愛沙尼亞，一直受到德國和俄羅斯等周邊列強的干預。由於國民對自家領土被占領一事產生了反抗意識，愛沙尼亞才得以脫離蘇聯獨立。塔林強調，AI的負面影響不該遍及世界。

AI開發已進入國家競爭的階段了，中國宣布在二〇三〇年以前，要把AI產業的市場

尚・塔林提醒各界 AI 的可能性與風險。（Annika Haas 攝影）

規模擴大到十兆人民幣。俄羅斯總統普丁也表示，AI開發的領頭羊將支配世界。

毫無節制的AI開發競爭，可能引起世界分裂。研究員和創業家的危機意識，也開始影響到全球化的大企業了。

攜手合作

二〇一七年十二月，平日互相競爭的三十多家企業和組織，共同探討「人類與AI共存」以及「AI安全管理」等七大議題，預計在幾年內訂立AI開發方針。與會者除了美國谷歌、埃森哲管理諮詢公司、索尼等企業外，也有人權團體參加。主導這項企畫的法蘭榭絲卡・羅西，是美國IBM的「AI倫理」研究專家。她說，舉辦這個會議只是要集思廣益，並不是想當監督AI的警察。

曾在義大利大學教導電腦科學的羅西，之所以會加入美國IBM，主要是認為AI的判斷決策必須公開透明。比方說，我們在網路上搜索英文的「祖母」一詞，結果出現的大多是白人的圖片，像這種缺乏多樣性的AI就無法得到人類信賴。

然而，參加這項企畫的多半是歐美企業，日本企業只有索尼。換言之，有可能會以歐美企業的思維為基準。羅西希望透過更多產業、更多地區的企業體加入，成果才能接近理想。

站在開發最前線的企業開始攜手合作，以防止科幻小說中那種「機器人反抗人類創造者」的情節真實上演。

3 衝擊金融界

最初以一千美元創業的對沖基金，如今每天操作規模高達十億美元。二〇一二年，三位學生在美國波士頓成立了Domeyard對沖基金，他們用ＡＩ的機器學習功能分析市場資料，以超高速交易買賣證券和外匯。

技術革新

出身於中國的克麗絲蒂娜（二十六歲）在美國長大念書，於麻省理工學院攻讀金融學。她跟宿舍的兩位鄰居一起開發程式，這兩位鄰居分別是專攻電子工學的喬納森·王，以及在哈佛攻讀物理和數學的路卡・林。他們先在歐洲市場嘗試程式交易，如今成為炙手可熱的「AI基金」先驅，一下就募集到一千九百萬美元的資金。

克麗絲蒂娜的創業動機，是希望引發創造性的破壞，讓金融界像西岸的高科技業一樣產生變化。

一九八〇年代，NASA工程師轉戰華爾街，加快了技術革新的速度。不過少數巨大資本獨占技術和人才的情況，至今依然沒有改變，金融工程學帶來的衍生性金融商品，引爆了二〇〇八年的金融危機。

現在MIT學生等優秀的千禧世代人才，把金融界視為貪婪又陳腐的象徵。失去信譽的

克麗絲蒂娜（右）創立的 Domeyard 對沖基金，
平均每天的交易金額高達十億美元。

金融界立即制定規範，然而在技術革新上還是慢了一步，無法即時處理電子商務等嶄新的需求。

金融界該怎麼做才能跟矽谷一樣，成為多元人才主導技術革新的產業呢？克麗絲蒂娜找出的答案，證明了沒有資金和實績一樣有能力創新。

融合三萬人的知識

ＡＩ開始破壞金融界的舊秩序了。根據英國牛津大學的調查，將來極有可能消失的五十大職業，其中有九項跟金融相關。日本的大型銀行也開始刪減人力，但也有活用ＡＩ的新挑戰者登場。

出身南非的理查．克雷普（三十歲），是美國對沖基金「Numerai」的創辦人。據他表示，預測模型的開發者遍及俄羅斯、印度等國家，也有日本企業的技術人員。

Numerai 提供廣泛的ＡＩ預測模型，目前約有三萬人使用他們開發的一百萬種模型進行證券買賣，交易成績最好的一百人享有報酬。這個嶄新的手法吸引了出資者，以及谷歌的

ＡＩ技術人員和其他人才。

在實際運用的領域中，與股價指數連動的「被動式」ＡＩ也得到了重視。雖然省下了分析師的人力成本，但不在指數中的成長企業可能得不到資金，反而破壞企業的新陳代謝。克雷普相信，以ＡＩ網羅人類多元的價值觀，才有可能打造健全的市場。

雷曼風暴已過十年，有些人打算利用ＡＩ創造新的金融模型，對抗巨大資本獨掌霸權的金融生態。

4 培育青少年AI世代

美國維吉尼亞州的十六歲高中少女，卡芭揚．科帕拉普同學有一個想法，她打算利用AI幫助罹患眼疾的祖父。

以應用程式進行診斷

她自行開發手機的應用程式，並用3D列印技術製造出專用的鏡片。手機拍攝的眼球照片會和三萬四千人份的資料進行比對後，透過AI的學習功能，可以診斷出「糖尿病視網膜病變」的徵兆。這一套和弟弟、朋友共同開發的系統，預計在實驗完成後正式投入市場。

科帕拉普同學從小就喜歡科學，成長過程永遠少不了電腦和手機。現在她是婦女理工教育推廣組織的執行長，經常往返於世界各地。

二〇一七年五月，科帕拉普同學在TED發表演說，她相信AI是各種問題的解答。

十多歲的「AI世代」在日本也嶄露頭角了，對他們來說AI是習以為常的存在。

非營利組織 HACK JAPAN（位於大阪府豐中市）專門提供中小學生各類程式教育。代表理事小山優輝（十九歲），從小學時代就透過網路發送各類訊息，中學開始正式學習程式設計。

他的第一支智慧型手機就有AI功能，他始終認為AI是可以控制的，這份感覺他一直

跟弟弟、同學一起開發糖尿病視網膜病變診斷系統的十六歲少女，卡芭揚・科帕拉普同學。

應用在經營上。

非營利組織的成員多半是同一個世代的學生，他們會利用課餘時間進行遠端作業。與顧客的交流資料全透過AI分析，再決定出最恰當的商談時間和負責人。小山優輝表示，AI是解決長時間勞動的關鍵，人力短缺的日本積極使用AI，絕對有辦法扭轉劣勢。因此，他利用AI追求有效率的工作方式。

享受成果的終究是人類

美國發明家雷蒙德．庫茲威爾，預估二〇四五年是AI超越人類的「奇異點」。他說技術就跟火焰一樣，各有其利弊，火可以用來取暖或煮菜，但也有可能燒掉房子。

AI有顛覆各種產業、工作、價值觀的潛力，這股力量也跟火焰一樣有利有弊。不過，一般動物本能上害怕火焰，我們人類卻懂得利用火焰打造文明基礎。選擇退縮或勇往直前，對我們的未來也有很大的影響，AI世代選擇勇敢面對挑戰。

東京的中學生菅野楓同學（十四歲），打算開發出一套創作軟體。她用自然語言處理分析熱門電影的劇本，研究登場角色的感情變化和故事模式。菅野同學得過各式各樣的獎項，她曾經以十歲的稚齡，在二十二歲以下的程式設計組大賽中得獎。她說，總有一天ＡＩ會創作更有趣的故事。

人類很難預料奇異點到來後，世界會變成什麼樣子。唯獨可以肯定的是，那將是一個人類與ＡＩ共生的世界，新世代已經開始打造新的歷史了。

實際案例　日本的教育意識不夠高

ＡＩ逐漸改變社會型態，我們要怎麼教育新世代？現在是重新檢討教育的時候了。

二〇一七年十一月，聖光學院（位於橫濱市）跟索尼電腦科學研究所等團體，共同召開「ＡＩ世代與教育」的研討會。聖光學院的工藤誠一校長表示，二〇四五年ＡＩ的能力會超越人類，大家必須思考教育改革的問題。

在活動中，雅虎的策略長安宅和人認為，學生應該加強資料分析能力，在社會上謀生所需的能力已經不比以往了。

　根據總務省二〇一六年的報告，對於自行學習或是教育下一代AI技能，日本有百分之三十八・五的人沒興趣，這個數字遠超過美國的百分之十五・二，顯然日本人的學習意願非常低落。

　CA Tech Kids（位於東京澀谷）是CyberAgent旗下的程式設計學校，該公司的上野朝大社長說，今後不管選擇什麼職業，都需要一定程度的電腦知識，並了解AI的功用才行。

　大量的資訊處理作業已經漸

日本和美國在學習AI技能上的心態落差

（想自己學習／想讓孩子學習活用AI的技能）

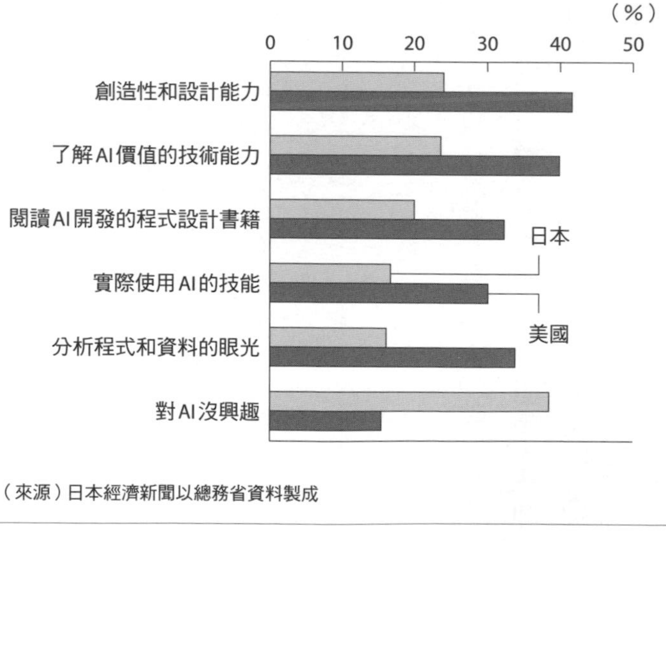

（來源）日本經濟新聞以總務省資料製成

漸交由AI負責了。我們應該了解資料的意義，培養解決問題的能力。思考人類的優勢何在，也變成愈來愈重要的課題了。

「AI與世界」的採訪報導成員

宮澤徹、古田彩、進藤英樹、佐藤昌和、熊野信一郎、中山淳史、板津直快、小川義也、阿曽村雄太、栗井康夫、阿部哲也、小山隆史、瀨川奈都子、杉本晶子、多部田俊輔、岩村高信、松田省吾、中西豐紀、森園泰寬、黃田和宏、戶田健太郎、竹內康雄、小澤一郎、岩崎貴行、關優子、近藤佳宜、生川曉、八十島綾平、山下晃、小野澤健一、佐藤浩實、林英樹、中川雅之、福岡幸太郎、深尾幸生、齊藤美保、鏆上梓、花田幸典、岩戶壽、花田亮輔、飯島圭太郎、矢野攝士、上野宜彥、菊池友美、谷繭子、羅賓・克恩（FT）

和AI 一起生活一起工作

人工智慧超越人類智慧的大未來，我們的生活和工作會有什麼變化？

作者　日本經濟新聞社
譯者　葉廷昭
主編　劉偉嘉
校對　魏秋綢
排版　謝宜欣
封面　萬勝安
社長　郭重興
發行人兼出版總監　曾大福
出版　真文化／遠足文化事業股份有限公司
發行　遠足文化事業股份有限公司
地址　231 新北市新店區民權路 108 之 2 號 9 樓
電話　02-22181417
傳真　02-22181009
Email　service@bookrep.com.tw
郵撥帳號　19504465 遠足文化事業股份有限公司
客服專線　0800221029
法律顧問　華陽國際專利商標事務所　蘇文生律師
印刷　成陽印刷股份有限公司
初版　2019年1月
定價　350元
ISBN　978-986-97211-0-3

歡迎團體訂購，另有優惠，請洽業務部 (02)22181-1417 分機 1124、1135

國家圖書館出版品預行編目 (CIP) 資料

和 AI 一起生活一起工作：人工智慧超越人類智慧的大未來，我們的生活和工作會有什麼變化？／日本經濟新聞社著；葉廷昭譯．
-- 初版．-- 新北市：真文化，遠足文化，2019.1
面；公分 --（認真職場；1）
ISBN　978-986-97211-0-3（平裝）
1. 資訊社會　2. 人工智慧
541.415　　107020378